农地制度论

刘 强 著

中国农业出版社

图书在版编目（CIP）数据

农地制度论 / 刘强著 . —北京：中国农业出版社，
2016.10（2016.12 重印）
ISBN 978-7-109-22135-2

Ⅰ.①农⋯ Ⅱ.①刘⋯ Ⅲ.①农地制度—研
究—中国 Ⅳ.①F321.1

中国版本图书馆 CIP 数据核字（2016）第 226416 号

中国农业出版社出版
（北京市朝阳区麦子店街 18 号楼）
（邮政编码 100125）
责任编辑　闫保荣

中国农业出版社印刷厂印刷　　新华书店北京发行所发行
2016 年 10 月第 1 版　　2016 年 12 月北京第 2 次印刷

开本：880mm×1230mm 1/32　印张：6.375
字数：140 千字　　印数：2001～3000 册
定价：29.00 元
（凡本版图书出现印刷、装订错误，请向出版社发行部调换）

目　录

农村土地集体所有制优势
及实现形式（代序）

中共中央党校经济学教研部教授　徐祥临

习近平总书记谈到农村改革时反复强调，要"坚持农村土地集体所有制"，前不久考察农村改革主要发源地小岗村再次重申了这一基本观点，并指出，深化农村改革的主线是处理好农民与土地的关系，底线是"不管怎么改，都不能把农村土地集体所有制改垮了"。深入理解习近平总书记的这一讲话精神，需要切实认识农村土地集体所有的制度优势，并落实到深化农村改革的实践去。本文以马克思主义政治经济学为指导，结合农村改革发展的鲜活实践，予以初步探讨。

一、农村土地集体所有制是农业社会主义改造的制度性成果

中国的小农经济自秦汉定型以后，创造了领先世界近两千年的中华文明发展成就，但同时也造成了长久以来人多地少的基本国情。历史上中华民族的治乱兴衰，都可以

直接或间接地从农民与土地的关系中找到原因。

清王朝作为最后一个皇权专制王朝退出历史舞台，留给中华民国一个烂摊子，最烂之处仍然是占有很多土地的地主与无地少地的贫农之间矛盾尖锐。所以，孙中山为中国国民党确定的民主革命纲领包括了"平均地权"、"耕者有其田"内容。孙中山逝世后的中国国民党由蒋介石独裁，他嘴上喊着"继承总理遗志"，实际上却不允许农民开展土地革命，1927年对积极推动土地革命的中国共产党人及农会积极分子进行血腥镇压。中国共产党被迫武装反抗，承担起了领导中国完成民主革命的历史使命。当苏联模式的城市武装暴动革命道路走不通以后，毛泽东领导中国工农红军开创了农村包围城市的革命道路，以"打土豪分田地"为旗帜，动员亿万无地少地的农民成为中国民主革命的主力军，推翻了国民党的反动统治，在新中国成立之后短短一两年里完成了中国历史上最彻底的以平均地权为目标的农村土地改革，贫苦农民从地主富农手中分得了七亿多亩土地。

然而，新中国进行土地改革建立起来的仍然是小土地私有制，并没有脱离小农经济范畴，顺其自然一部分农民失去土地是必然的。事实上，在新中国成立后的最初几年里，确实出现了一些农民由于各种原因卖掉土地，而另一些农民买入土地的现象。长此以往，土地改革的成果将丧失殆尽。为了避免农村重新两极分化，以毛泽东为核心的

我党第一代领导集体依据马克思主义政治经济学基本理论
和革命根据地创造的成熟经验，在土地改革之后就注意引
导农民走互助合作的发展道路，取得了良好效果。1956
年，在全国农村以兴办农业生产合作社为基本途径进行了
农业社会主义改造，破天荒地打破了分散单干的小农经济
生产方式，连续几年获得了农业大丰收，初步显示了社会
主义农业的制度优势。

　　然而，在农业合作化运动节节胜利面前，1958 年在
全国范围内大办人民公社，试图"跑步进入共产主义"。
结果犯了"步子太大、转变过快、方式过于简单"的错
误，严重挫伤了广大农民的生产积极性，成为陷入"三年
困难时期"的主要原因。1962 年，毛泽东发现问题后纠
正急躁冒进错误，指导中共中央制定了人民公社六十条，
形成了"三级所有，队为基础"、"政社合一"的人民公
社体制，确立了古今中外史无前例的农村土地集体所
有制。

　　人民公社六十条出台后，农村经济发展得到了很大的
恢复和发展，但仍然受到计划经济体制和政策的束缚，没
有从制度上找到调动农民生产积极性的有效办法。但是，
突破了小农经济束缚的土地集体所有制还是顽强地表现出
了制度优势，主要成果包括：大规模开展农田水利建设、
科学种田得到普及、农村工业得到初步发展、推动了农村
教育和医疗卫生事业发展、农村鳏寡孤独得到了照顾、妇

女得到解放、农村移风易俗成效显著，等等。1982 年以后，农村土地集体所有作为农村社会主义经济制度载入中华人民共和国宪法。

在党的十一届三中全会精神指导下，1978 年开启的农村改革在绝大多数农村建立起了统分结合的双层经营体制，即农村基本经营制度。该制度的基本构成要件有三个，一是土地归农民集体所有；二是集体土地由作为集体经济组织成员的农户承包经营；三是集体统一向农户提供服务。也就是说，由小岗村农民带头发起的农村改革只是否定了人民公社的集体统一经营体制，并没有否定土地集体所有，而且，正是在这一制度基础上，通过土地由农户承包经营的制度创新消除了"大锅饭弊端"，促进了农业生产发展，也为农户自由支配劳动力、发展个体私营经济奠定了制度基础。

综上所述，农业由集体统一经营到由农户分散经营，土地集体所有制经受了改革开放前后六十年的考验，堪称农业社会主义改造为中国留下的伟大制度性成果，在人类土地制度史上增添了新的一页。

二、叶屋村：土地集体所有制基础上再次"土改"的成功案例

毋庸讳言，农村土地集体所有制是否应该继续坚持，在理论界和实际工作部门都存在不同看法。对此，不宜单

纯进行书斋式的思辨，而是应该像当年毛泽东领导土地革命和邓小平领导农村改革那样，由农民的实践做出回答。这里，讲述一个笔者多次实地调研过的案例。

广东省清远市有个叶屋村（村民组），地处粤北丘陵地带，有 35 户人家，175 口人；有各类可耕作的土地资源（包括林地）1350 多亩＊；村内主要生产经营项目有养猪养鱼、种植沙糖橘、栽桑养蚕等，水稻生产主要是为了满足口粮需求，属于纯粹的农业地区。1981 年，该村作为生产队把集体土地按人平均承包到户，平均每户有10.6 亩。为了把肥力、位置不同的土地搭配均匀，每户大约有 11 块土地分布在村庄四周。由于农民外出经商务工收入机会越来越多，农民把劳动力投入到细碎土地上越来越不划算，土地粗放经营乃至摞荒现象便越来越严重。直到 2009 年，叶屋村人均纯收入 3000 元左右，相当于全国平均水平的 60％，整体上没有摆脱贫困。

在这个贫穷的小村庄里，也有比较富裕的农户，村长（村民小组组长）叶时通家就是其中之一。叶时通致富的诀窍很简单：在最初承包的三亩鱼塘边上开荒，形成了11 亩集中连片的鱼塘，每年收入稳定在 10 万元以上。叶时通由自己家想到全村，明白了一个道理：是承包地分散拖累了全村，如果每户都像自家一样土地连片，成规模地

＊　亩为非法定计量单位，1 亩＝1/15 公顷。——编者注

集中搞好一两种产品，哪怕是效益最低的种桑养蚕，每亩地也能够收入 3000 元以上，各家各户就都能够富裕起来。

叶时通把这个想法先在村民理事会五个成员中提出来，得到一致赞同，马上召开全村家长会，也得到一致赞同。但在具体商量如何把七零八落的土地集中起来重新分配时，遇到了两个难题。一是人多地少户与地多人少户存在矛盾。因为承包地多年没有调整，各户按人平均的土地面积差别很大，一些户添人进口要求按人增加承包地，而另一些户人口减少却不想减少承包地。二是水田旱地不同地块水利道路条件不一，肥瘦差别很大，谁也不愿意把自己家的承包地集中到贫瘠和耕作不便的土地上。针对这两个基本矛盾，叶屋村在一年多时间里开了 35 次家长会，其间有暴风骤雨般的争吵，也有和风细雨式的说服，最终还是达成了一致意见：①叶屋村的人要把叶屋村的土地管好用好，各家各户的承包地集中连片是个好办法；②叶屋村的土地（包括开荒地）归在叶屋村生活的人集体所有，不是谁承包了就归谁私有了，娶进来的媳妇和新生的孩子要分地，故去的老人和嫁出去的闺女要把土地交回集体重新分配，每隔 20 年土地调整一次；③主要劳动力在家务农的户可分一块水田和一块旱地，主要劳动力不在家务农的户只分一块旱地，水田和旱地之间可以按 1 比 2 的比例互换；④为了尽量方便各家各户土地连片，无偿承包的土地占 80%，留出 20% 左右的土地作为机动地有偿承包；

⑤亲门近支的户之间可要求土地相邻承包；⑥动用集体土地有偿发包形成的集体积累改善土地生产条件，做到所有水田（包括鱼塘）旱能灌涝能排，所有旱地通机耕路；⑦满足村内农户土地经营面积需求后剩余的土地由村集体统一连片对外发包；⑧集体积累满足改善生产条件需求后用于集体福利。

叶屋村农民把上述做法称为"土改"。自 2010 年春季实施以来，彻底解决了各户土地细碎问题，粗放经营得到改善，杜绝了土地弃耕现象，村民之间争水争地等矛盾消除了。当年村民人均收入超过 10000 元；2015 年全村人均纯收入超过 30000 元，人均收入最低的户也超过 15000元；每年集体经济收入超过 15 万元。四十名左右的青壮年劳动力由原来的外出务工为主，变为在家务农为主。

叶屋村的做法在全国范围内并非孤立的个案，整合细碎的土地、定期调整承包地、收取承包费为社员服务，这些做法在全国各地都能看到。在清远市，叶屋村的经验已经得到普遍推广。

三、马克思主义政治经济学视角下叶屋村"土改"成功的原理

叶屋村 1981 年采用的土地承包方式是对小岗村"大包干"做法的简单复制。我们回过头来看当年的改革办法，其农业内部的改革价值越来越聚焦于消除集体统一经

营中农民出工不出力的弊端上，此外已经看不到其他制度优势。随着农业农村内外经济条件的变化，很多农户已经不像当年那样珍惜土地，粗放经营甚至撂荒现象随处可见，贫富差距拉大，集体经济成为空壳，农民的集体观念越来越淡化。对此，本文权且称之为"简单大包干弊端"。叶屋村进行的新土改基本上消除了这个弊端。那么，叶屋村土改成功的奥秘何在呢？当年我们党按照马克思主义政治经济学原理解释了大包干的科学性，今天面对叶屋村农民的新土改，又能得出怎样的新结论呢？观察叶屋村的土改过程和成效并梳理其中的经济利益关系，下面几个新观点应该是站得住脚的。

观点一：土地集体所有制是耕者有其田的永久性制度保障。

古今中外的农业发展史证明，耕者有其田是调动农民生产积极性、促进社会安定的有效制度安排。中国农民尤其希望房前屋后拥有一块足以养家糊口的土地。但土地私有制再加上天灾人祸，让大多数农民的梦想一次又一次地破碎。古代有几位统治者迫于农民战争的压力，在改朝换代初期也曾经实行过耕者有其田制度，但皇帝是农村地主的总代表，无法让多数农民摆脱土地被兼并的恶梦轮回。农村土地集体所有制则能够帮助农民把梦想变成现实，并且一劳永逸。叶屋村1981年后成家立业的青年农民能够获得土地资源，正是靠土地归集体所有制所赐。坚持这一

制度，全国所有的农户就都能像叶屋村的"耕者"一样不
会失去土地。

观点二：土地集体所有制满足村庄内新生代农民平
等、无偿获得土地的利益诉求，为大多数农民所拥护。

我们称农村中娶进来的媳妇（相应包括倒插门女婿）
和新生孩子为村庄内的新生代农民。毫无疑问，新生代农
民都希望无偿获得土地。在土地私有制下，穷富农户之间
拥有土地的数量差别很大，导致同一个村庄内新生代农民
生产生活的起点极不平等，穷困农户的新生代农民只有很
少土地甚至没有土地。农村土地集体所有制彻底打破了穷
困农民少地无地的恶梦循环，让所有新生代农民都能够在
村庄范围内无偿、平等地获得土地资源。显然，为了获得
这一根本利益，新生代农民必然要求集体土地的承包关系
定期调整；而且，拥有新生代农民的农户在人口数量上必
然超过人口减少的农户，所以，土地集体所有制必然得到
农村大多数农民的拥护。这样的制度安排符合马克思主义
政治经济学的基本立场。

观点三：依托土地集体所有制与市场经济体制，地租
这个古老的经济范畴摆脱了剥削的恶名，成为土地所有
者、经营者、劳动者三者利益和谐统一的纽带。

从经济学角度看，农村集体向承包户收取的承包费
就是地租。马克思主义经济学认为，地租是土地所有权
在经济上的实现形式，反映的是地主阶级的寄生性即对

劳动者的经济剥削，意味着土地所有者、经营者和劳动者在经济利益上存在此消彼长的对立关系。连第二次世界大战后日本这样的资本主义国家都用法律限制了农业中地主收取地租。叶屋村的土改实践让我们看到了地租的新内涵，即三者利益关系的和谐统一：作为"地主"的集体向作为土地经营者的承包户收取承包费，并没有落入私人腰包，而是用于改善土地经营者和劳动者的生产条件（修渠修路等）以及增进其福利。从形式上看，地租所代表的市场交换关系仍然存在，即承包户向集体缴纳承包费是获得土地承包权的代价，但从实质上看，承包费所反映的经济利益关系完全改变了，即集体收取承包费是为了让承包户获得更多利益及更多的福利。中国农村形成这种崭新的生产关系，是土地集体所有制与市场经济有机结合的结果，是农业领域有中国特色的社会主义市场经济。

四、发挥土地集体所有制优势要解放思想深化改革

我国农村存在"简单大包干弊端"在时间跨度上已经超过"大锅饭弊端"。党中央、国务院一直强调要"完善农村基本经营制度"，就是要破除这些弊端。如何像当年推广小岗村经验那样，把叶屋村这类典型经验推广开？本文提出以下几点看法。

第一，对待小岗村要像对待当年大寨那样，采取解放思想、实事求是的态度。

农村改革前全国农业战线的典型是毛泽东树立的山西省昔阳县的大寨大队。大寨农民的自力更生、艰苦奋斗精神永远值得中国农民学习，大寨大规模进行农田基本建设的做法也值得所有农村效法。但大寨经验消除不了农村普遍存在的"大锅饭弊端"。小岗村农民以不怕坐牢的勇气突破人民公社体制束缚，创造了集体土地由农户承包经营的经验，调动了农民发展农业生产的积极性，取代了大寨的全国农村学习榜样的地位。

然而，小岗村经验普遍推广后，"简单大包干弊端"也随之出现，而且呈现愈加严重态势。当年对大寨经验采取了解放思想、实事求是的态度，推动了农村改革；今天面对简单大包干弊端，对小岗村经验也要采取同样的态度。叶屋村土改既吸收了小岗村的改革精髓，又在破除简单大包干弊端方面迈出了坚实的改革步伐，应该给予鼓励并大力推广。

第二，完善农村基本经营制度要突破两个认识误区。

统分结合的双层经营体制即农村基本经营制度已经定型三十多年，但一直不完善。与两个认识误区没有突破有直接关系。

其一，把土地集体所有制有效实现形式与增加农民负担混为一谈。大包干的分配方式是"交够国家的，留足集体的，剩下是自己的"。所谓"国家的"是指承包户交给国家的农业税，所谓"集体的"包括两大项，一是承包户交给村集体的三项提留款，即公积金、公益金和管理费，简称"三提"；二是承包户交给乡镇政府的五项统筹款，即用于农村教育、计划生育、优抚、民兵训练、农村道路等民办公助的费用，简称"五统"。2006 年农村税费改革中，国家以减轻农民负担的名义，把农业税和"三提五统"全部取消了。但实事求是地说，国家有权取消上缴国库的农业税和具有准税收性质（归乡镇政府收取）的"五统"，却无权取消农村集体经济组织向农户收取的"三提"。因为，"三提"是土地集体所有权在经济上的实现形式，是集体向农户提供统一服务所必需的经济来源，收多收少以及如何收取、如何使用应完全由集体经济组织内部民主决定。国家的职责是通过法治手段以及必要的行政措施保障集体积累不被少数人贪占。叶屋村的经验表明，集体收取土地承包费，立竿见影地解决了集体经济空壳问题，遵循民主决策原则使用集体积累，给农民带来的生产效益和生活福利远远多于承包费。有人以减轻农民负担为由反对叶屋村收取少量土地承包费，看似在维护农民利益，其实是割断了农户与集体的利益纽带，既违背了农村基本经营制度，也背离了马克思主义政治经济学基本常识。

其二，把满足新生代农民承包集体土地的利益诉求同改变土地承包关系混为一谈。集体作为农村土地的所有者不是抽象的，而是由生活在集体土地上的农民群体构成的。新生代农民天然具有集体成员的权利是不言而喻的，他们获得承包集体土地的权利是不能被剥夺的。1997 年，当全国农村第一轮土地承包到期的时候，中共中央办公厅和国务院办公厅针对如何搞好第二轮土地承包专门下发文件，针对一些农户人地矛盾突出的现实，确定了"大稳定、小调整"基本方针，也就是承认新生代农民承包所在集体土地的权利。但后来在如何理解"长期稳定土地承包关系"问题上产生了不同看法。有人认为，"长期稳定"就是今后不再调整承包地，这就等于否定了新生代农民承包集体土地的权利，也就在事实上取消了新生代农民的集体成员资格。这显然是错误的，与广大农民兄弟对集体成员的认知格格不入。农村集体土地由农户承包经营是农村基本经营制度的构成要件，必须长期坚持。由于集体经济组成员的变动，定期调整承包具体地块的农户是完善农村基本经营制度的题中应有之意。

第三，彻底改革农村土地"三级所有"的模糊产权关系不是搞私有化，而是在自然村或村民组层次做实做强农村集体经济。

农村基本经营制度确立不久，贵州省湄潭县搞了"增人不增地，减人不减地"试验。这项试验的初衷并不是要保护故去的老人和外嫁的闺女永远享有承包集体土地的权利，而是取消土地集体所有权。参与湄潭试验的几位学者多次公开申明土地私有化主张。湄潭试验已经有三十年的历史，并没有让农民看到实际效果，简单大包干弊端倒是随处可见。这说明土地私有化的主张是失败的。

搞湄潭试验的几位学者主张农村土地私有，是基于搞市场经济必须做到产权明晰的理论观点。应当说，学者主张产权明晰在抽象的理论意义上无可厚非，他们认为农村集体土地产权模糊也切中时弊。他们的错误在于，既没有看到农村土地集体所有的制度优势，也没有抓住农村集体土地产权模糊的要害。那么，农村集体土地产权模糊不清到底是怎么一回事，该如何改革呢？

农村改革前，人民公社的土地制度特征是"三级所有，队为基础"。其含义是，具体的一块土地既归几十个农户构成的生产队所有，也归几百个农户构成的生产大队所有，还归几千个农户构成的人民公社所有，但土地所有权的基础在生产队，体现为组织农业生产的基本单位和分配单位都是生产队（也有很少一部分农村以生产大队为基本核算单位，大寨即是一例）。这里的土地产权模糊不清是显而易见的。按照小岗村搞大包干的具体做法，农村集体向农户发包土地基本上是以生产队为单位进行的。也就是说，在广大农民的心目中，土地集体所有的边界是由生产队之间的土地边界区分开的。但吊诡的是，农村改革三十多年，发了那么多的文件和法律法规，却从来没有对土地"三级所有"的模糊产权关系进行过清理和改革。小岗村的经验普遍推广后，生产队作为组织农业生产的基本单位和经济核算单位不复存在，人民公社翻牌为乡镇党委政府；农村集体经济组织作为一种法人机构，便由生产大队翻牌而来的行政村承袭了。但行政村仍然是个产权不清、政社合一组织，是人民公社体制改革不彻底的产物，成为"小官大贪"等种种农村基层组织弱化问题的制度根源。

行政村体制该如何改革呢？叶屋村所在的清远市以"三个下移"为农村综合改革路径，给出了令人耳目一新的答案。

清远市委主要领导在深入农村调研中发现，辖区内有若干个像叶屋村这样的纯粹农村，老百姓普遍比较富裕，邻里关系比较和谐，村容村貌比较整洁。这一现象引起了清远市委市政府的高度重视并进行了反反复复的调查研究，得出的结论是：除了像华西村那样以搞工业为主的农村外，在纯粹农业地区，依托行政村进行农村经济、政治、社会治理普遍无效，应当把农村基层党支部和村民委员会由行政村下移到自然村或村民组，使之成为功能完善的集体经济组织；同时把乡镇的公共服务职能下移到行政村改造而成的公共服务片区，在片区内设立党总支和经济联合社，为片区内农民提供各种服务。

作为农村综合改革的起步措施，清远市委一方面树立了叶屋村等若干农民自发改革的典型，同时在行政村与村民组之间进行资源、资产、资金的全面清理，划定权属并登记造册；党支部和村委会下移后的自然村干部不同于原来拿财政补贴的行政村干部，其工作经费和报酬完全由集体经济状况并经家长会讨论决定。

按照上述思路，清远市委从 2012 年底以三个试点镇起步，不断总结经验，调整改革具体方案，发现新的典型。2014 年清远市又在"三个下移"基础上推动"三个整合"，即整合农户手中细碎的土地资源、整合涉农财政资金、整合涉农服务平台。目前，整个清远市农村由点到面，以自然村和村民组为单位，美丽乡村建设全面展开，有三分之二的自然村完成了农户细碎的土地资源整合。越来越多的青壮年农民回村从事农业适度规模经营，很多农民主动靠近党组织。农村用电量真实、直观地反映了农村综合改革给清远农村带来的显著变化：2011 年和 2012 年清远农村用电量连续下降，而 2013 年、2014 年、2015 年分别递增了 4％、9％和 18％。

小结：叶屋村农民自发改革和清远市委领导农村综合改革取得显著成效，既彻底终结了人民公社体制，又让农村土地集体所有制涅槃重生，显示出巨大优势，是大包干之后深化农村改革新的里程碑。

农地制度论

引　言

我国现行农地制度的基本框架是"集体所有，按户承包"。在产权安排方面，实行"两权分离、公有私用"，土地所有权属于村组集体经济组织，承包经营权属于本集体经济组织的农户；在微观经营组织构建方面，以农户家庭为基本经营单位，培育家庭农场、专业合作社等新型经营主体。已经初步形成了适合中国国情、具有中国特色的农地制度。

回顾实行家庭承包经营以来的历程，经过一轮承包十五年的探索实践，目前，全国农村二轮承包三十年的期限也已经普遍过半，距二轮承包期满一般还有十二三年的时间。而一些实行承包经营较早的地方，距二轮承包期满已经不足十年了。比如，安徽省小岗村 1978 年 12 月率先实行承包经营，1993 年 12 月一轮承包期满，到 2023 年 12 月二轮承包将期满，只有 7 年的时间了。

同时应当看到，农地制度是最基本的农业经济制度，农经界对农地制度非常关注，关于农地制度的讨论甚至争论较多。尤其是，二轮承包期满后，农地制度将是什么样的安排？如何完善顶层设计？出台哪些具体政策？这是当前面临的一个重大课题。需要进行全面深入研究，科学审慎形成意见和方案；中央需适时公布三轮承包的意见和方案，最迟不能晚于 2023 年。

基于十几年来对农地制度持续的学习思考和调查论证，本文就此课题作研究探讨。

一、我国农地制度的基本经验

农地制度是农业农村经济发展的基础性制度。纵览我国几千年农耕史，以农户家庭为生产经营单位一直是最主要的农业组织形式。新中国成立时，中国共产党和人民政府响应亿万农民的期盼，实行土地改革，把农村的最重要的胜利果实——土地分给千家万户的农民，使广大农户获得了最基本的生产资料，也是农民最基本的社会保障。为完成生产资料的社会主义改造，随后又将农民的土地归入高级社，从而建立了农村土地集体所有制。而后历经人民公社时期，直至农村改革开放，实行家庭承包经营制度，农村土地集体所有制没有再更迭过。改革开放的最大成果，是在坚持农村土地集体所有制的基础上，使农业生产回归家庭经营，形成了具有中国特色的"集体所有，按户承包"农地制度。从而极大地释放了农业生产力，促进了农村经济的发展。

实行家庭承包经营后，中央确定一轮承包的期限为15年，二轮承包的期限为30年。笔者认为，为期15年的一轮承包，可以看作是我国家庭承包经营制度的试运行期；在一轮承包经验教训的基础上，二轮承包制度有所完善。总体看，经过30多年的探索与实践，主要得到了以下四个方面的经验。

（一）坚持农村土地集体所有

历史实践表明，农村土地集体所有制是适合我国国情的产权制度。20世纪50年代中后期，我国开展了农业合作化运动，完成了对生产资料私有制的社会主义改造，农村土地实行集体所有制。后经历人民公社时期，直到80年代推行家庭承包制，至今这一制度没有动摇过。

杜润生先生回忆说："讨论时有些不同意见，对土地公有，有人主张土地国有，不搞集体所有，但多数不赞成。因为国有最终也要落实到谁管理。在前苏联，虽然说是国有，后来是集体农庄长期使用。实际上是集体所有代替国有。"杜老指出："土地是自然物，是一国之土，国家总是要管理的，必须保留某种权限。"从杜老的论述可以看出，国有或者私有都不是农地所有权制度的合宜安排，而集体所有制则是适宜的。

我国宪法规定："中华人民共和国的社会主义经济制

度的基础是生产资料的社会主义公有制，即全民所有制和劳动群众集体所有制"，"农村和城市郊区的土地，除由法律规定属于国家所有的以外，属于集体所有"。2013 年 12 月，习近平总书记在中央农村工作会议上强调：坚持农村土地农民集体所有。这是坚持农村基本经营制度的"魂"。农村土地属于农民集体所有，这是农村最大的制度。农村基本经营制度是农村土地集体所有制的实现形式，农村土地集体所有权是土地承包经营权的基础和本位。坚持农村基本经营制度，就要坚持农村土地集体所有。①

（二）坚持家庭经营基础地位

家庭经营这种组织形式并不是中国农民的创造，世界各国的农业，无论是历史上还是现阶段，无论是发达国家还是发展中国家，以家庭为基本经营单位都是其农业的普遍组织形式。这是由农业的特点和要求自然形成的。

20 世纪 70 年代末以小岗村为代表的由"集体经营"到"承包到户"的革新，确实是中国农民的伟大创造。家庭承包制源于自留地和包产到户两个方面的实践，探索出了不触动集体所有权、把经营权回归农户的"两权分离"农地制度，重塑了家庭经营的基础性地位。

家庭经营是农业的自然要求，是世界农业的普遍组织

---

① 《十八大以来重要文献选编》第 668 页。

形式，家庭经营在农业中的基础性地位不可动摇。同时也要认识到，我国农业实行家庭承包经营后，尽管一家一户的经营规模小，与其他国家的产权制度也不同，但这种组织形式的本质是家庭农场。发展适度规模经营，培育新型农业经营主体，构建新型农业经营体系，需以普通农户这种组织形式为基础，而不可忽视或排斥普通农户。在相当长时期内，普通农户都是农业经营体系的重要组成部分。

（三）应有较长的土地承包期

土地承包期应长期化，让农民对生产经营有稳定感。杜润生先生曾说：从农业固定资产的投资效益来说，承包期限长一点，可在 10 年以上，鼓励农民作长期打算，以利于改良耕地，增加投入，提高生产，避免掠夺式经营。1984 年的 1 号文件，正式提出土地承包期延长到 15 年以上，满足了群众长期稳定的要求。1993 年 10 月，杜润生在一次讲话中指出：必须使土地承包权长期化，短期副作用大。今后使用权长期化，30 年 50 年都可以。1993 年 11 月，中发〔1993〕11 号文件明确：为了稳定土地承包关系，鼓励农民增加投入，提高土地的生产率，在原定的耕地承包期到期之后，再延长三十年不变。

从一轮承包和二轮承包的实践看，以 30 年为承包期限是适宜的，符合农业生产的特点，符合农民群众的需求，具有较大的可行性。

（四）保持土地承包关系稳定

稳定土地承包关系的政策，与承包期长期化政策相辅相成。

一轮承包期内允许"大稳定、小调整"。1993年，杜润生先生指出：土地使用权可以长期化，生不增、死不减，添了人口不给加土地，老人死了不给减土地，产权要固定一个时期，用国家法律形式予以公布。中发〔1993〕11号文件提出，为避免承包耕地的频繁变动，防止耕地经营规模不断被细分，提倡在承包期内实行"增人不增地、减人不减地"的办法。

二轮承包以来，特别是《农村土地承包法》颁布实施后，对稳定土地承包关系作出了更为严格的要求。《农村土地承包法》第四条规定："国家依法保护农村土地承包关系的长期稳定。"第二十七条规定："承包期内，发包方不得调整承包地。"立法意图是，通过严格控制土地调整，保护土地承包关系长期稳定。

二、现行农地制度的主要缺陷

（一）"起点"延包政策不科学

无论一轮承包还是二轮承包，其"起点"政策毫无疑问都是至关重要的，因为"起点"政策是决定新一轮土地承包状况的制度基础。

在一轮承包的"起点",实行土地重分、承包到户,重塑家庭经营的基础性地位。但是,由于工作进行得比较匆忙,没能及时引导土地分配时避免承包地细碎化问题,结果是土地按等级均分到户,户均承包地六七块甚至更多,非常零碎,不便于生产。后来才认识到这个问题。

经过一轮承包15年的运行,土地承包经营制度所表现出的优点、缺陷都已经比较充分。优点不必赘述。缺陷方面主要有两个问题:一是一轮承包"起点"形成的土地细碎化问题。这个问题在一轮承包期内基本没有解决,承包地块细碎化非常普遍、比较严重。二是"人—地"不平衡形成的矛盾问题。由于实行"减人不减地,增人不增地"政策,多年不调整土地,造成了"人—地"关系不对应问题越来越普遍,新增人口没有承包地问题越来越严重。

有了一轮承包"起点"和15年承包"期间"的经验教训,二轮承包"起点"本应避免类似的问题,制定实施更为科学合理的政策。但是,遗憾的是,二轮承包"起点"政策仍考虑不够周全。中发〔1993〕11号文件明确,"为了稳定土地承包关系,鼓励农民增加投入,提高土地的生产率,在原定的耕地承包期到期之后,再延长三十年不变。"也就是说,二轮承包"起点"采取了延包政策。《国务院批转农业部关于稳定和完善土地承包关系意见的

通知》(国发〔1995〕7号)提出,"积极、稳妥地做好延
长土地承包期工作。……要根据不同情况,区别对待,切
忌'一刀切'。原土地承包办法基本合理,群众基本满意
的,尽量保持原承包办法不变,直接延长承包期;因人口
增减、耕地被占用等原因造成承包土地严重不均、群众意
见较大的,应经民主议定,作适当调整后再延长承包期。"
这是符合农村实际、具有重要指导意义的文件。但是,
《中共中央办公厅、国务院办公厅关于进一步稳定和完善
农村土地承包关系的通知》(中办发〔1997〕16号)又严
格要求,"土地承包期再延长30年,是在第一轮土地承包
的基础上进行的。开展延长土地承包期工作,要使绝大多
数农户原有的承包土地继续保持稳定。不能将原来的承包
地打乱重新发包……承包土地'大稳定、小调整'的前提
是稳定。"可以看出,中办发〔1997〕16号文件精神与国
发〔1995〕7号文件精神不尽一致,相比较而言,国发
〔1995〕7号文件的规定更符合农村实际情况。

(二)解决土地细碎化问题不力

1982年中央1号文件提出,"社员承包的土地应尽可
能连片,并保持稳定。"由此可见,对土地承包工作有可
能造成的地块细碎化问题,是有所认识的,是提出了初步
意见的。但是,全国农村土地承包工作进展比较快,没能
及时引导各地避免承包地细碎化问题。本来,应该总结推

广一些地方按粮食产量分配土地的办法，不应普遍实行按土地等级分别承包到户。

20世纪80年代初，推行家庭承包制是中国农村一次重大的制度变革，在一轮承包"起点"，工作比较匆忙、政策考虑不周，这有其客观性，对此不应求全责备。但是，在一轮承包"期内"，在二轮承包"起点"，在二轮承包"期内"，都没有给予足够重视，出台能够比较彻底解决细碎化问题的政策，这方面就需要反省和反思了。

悉数2002年颁布的《农村土地承包法》条款，没有任何关于解决承包地细碎化问题的政策规定，可见对此问题不重视。直到土地承包法实施十年后，2013年中央1号文件提出，"结合农田基本建设，鼓励农民采取互利互换方式，解决承包地块细碎化问题。"中办发〔2014〕61号文件提出，"鼓励农民在自愿前提下采取互换并地方式解决承包地细碎化问题。"2016年中央1号文件提出，"鼓励和引导农户自愿互换承包地块实现连片耕种。"

（三）忽略和漠视"公平"问题

任何一个国家的农地制度，"效率"与"公平"都是两个重要方面。但是，梳理分析我国现行农地制度，基本可以得出这样的结论，即重视"效率"，却忽视"公平"。

之所以如此，大概是认为在家庭承包经营制度中，"效率"与"公平"是一对难以完全协调的矛盾，"公平"在一定程度上有损"效率"。"公平"一般需要通过土地调整来实现，而土地调整不利于稳定承包关系，不利于稳定农业生产，从而损失"效率"。但是，由此造成的现实中的"不公平"，则越来越多，越来越普遍。农村有越来越多的无地农民，这部分农民丧失了作为集体成员本应享有的土地权益。随着30年承包期的实施，这个群体对多年没有承包地的意见越来越大，对等到二轮承包期满越来越没有耐心。然而，这个问题仍没有引起有关部门的足够重视，仍然认为为了实现"效率"不得不忽略"公平"，这是对无地农民土地权益的漠视。

关于无地农民如何实现土地权益，还有两种经不起推敲的偏颇论调。一是主张无地农民进行土地流转，通过转入土地从而获得土地经营权。通过土地流转能获得作为集体经济组织成员应享有的土地承包权益吗？土地流转获得的土地，与通过"发包—承包"方式获得的土地有本质性区别。前者是市场化行为，获得的土地是以付出成本（流转费）为代价的；而后者是作为集体经济组织成员可以无成本（税费改革后）获得的土地，是免费的"午餐"。两者岂可相提并论？怎可告知无地农民可以通过"租地"的方式获得"承包地"？这是显而易见的逻辑不通，也可以说是敷衍塞责。二是主张无地农民到农外就业，从而获得收入和社会保障。作为农村集体经济组织成员，本应获得一份承包地，这份承包地本是农民最基本的社会保障；至于是否到农外就业，那是由农民自行决策的行为，与集体经济组织成员权益并不相干。这种主张同样也是逻辑不通，敷衍塞责。

（四）保护妇女承包地权益不力

现实中，对于婚嫁女，娘家村往往收回出嫁女的承包地，而婆家村往往不能分给嫁入女一份新的承包地。2001年5月，中共中央办公厅、国务院办公厅印发《关于切实维护农村妇女土地承包权益的通知》（中办厅字〔2001〕9号），要求解决好出嫁妇女的土地承包问题，"对于在开展延包工作之前嫁入的妇女，当地在开展延包时应分给嫁入妇女承包地。"但是这个文件发布时，各地农村二轮延包工作多数已经完成，这个文件的精神已难以落实。2002年《农村土地承包法》第三十条规定，"承包期内，妇女结婚，在新居住地未取得承包地的，发包方不得收回其原承包地"。但是，按照农村的习俗，妇女出嫁后，一般不再认为她是娘家村的集体经济组织成员，因此往往会取消其原来作为集体经济组织成员所享有的权益，包括承包地权益。而按照"增人不增地、减人不减地"的政策精神，婚嫁女在婆家村也往往没有可能取得新的承包地。这样，造成婚嫁女丧失承包土地权益。

全国妇联副主席陈秀榕指出，据调查，2010 年农村妇女没有土地的占 21%，比 2000 年增加了 11.8 个百分点；无地妇女中，因婚姻变动而失去土地的占 27.7%。笔者在山西省太谷县调研时，曹庄村一位农民说，她 1985 年结婚，娘家就在邻村北付井村，两个村子只有一里路，1998 年娘家村二包时进行了大调整、去了她的地，而婆家村没有调地、直接延包，这样她就没了承包地，没地都快 20 年了。

即便娘家村没有收回出嫁女的承包地，由于人地分离，出嫁女的土地只能给父兄耕种，一般也难以主张其土地权益。

三、二轮承包余期的政策建议

距离二轮承包期满还有十年左右的时间，当前正是完善二轮承包余期政策一个重要时机。根据前述，现行农地制度四个方面的主要缺陷，可以进一步归结为"两大问题"：一是承包土地细碎，生产经营很不便利，既不利于降低农业生产成本，又不利于发展适度规模的现代农业；二是人地关系不清，无地人口越来越多，既不利于维护农民的土地权益，也不利于促进农村和谐稳定。形成第一个问题的原因，主要是缺乏引导和扶持政策，工作推动力度不足；形成第二个问题的原因，主要是认为"公平"有损

"效率"，禁止进行必要的土地调整。对于第一个问题及成因，已形成普遍共识，再进行深入讨论的必要性不大；而对于第二个问题及成因，仍然存在较多争论和较大分歧，这里有必要着力进行研讨。

（一）"公平"损害"效率"吗？

"稳定土地承包关系"一直是农村土地承包政策的核心。一轮承包期内，关于土地承包关系的政策是"大稳定、小调整"。1991年《中共中央关于进一步加强农业和农村工作的决定》要求，"已经形成的土地承包关系，一般不要变动"。中发〔1993〕11号文件指出，"为避免承包耕地的频繁变动，防止经营耕地规模不断被细分，提倡在承包期内实行'增人不增地、减人不减地'的办法"。1998年十五届三中全会《决定》要求，"稳定完善双层经营体制，关键是稳定完善土地承包关系"，"稳定土地承包关系，才能引导农民珍惜土地，增加投入，培肥地力，逐步提高产出率；才能解除农民的后顾之忧，保持农村稳定。这是党的农村政策的基石，决不能动摇。要坚定不移地贯彻土地承包期再延长三十年的政策，同时要抓紧制定确保农村土地承包关系长期稳定的法律法规，赋予农民长期而有保障的土地使用权。"正是按照《决定》精神，有关部门着手起草制定农村土地承包法。2002年通过的《农村土地承包法》第四条规定："国家依法保护农村土地承包关系的长期稳定。"第二十条规定："耕地的承包期为三十年。"第二十七条规定："承包期内，发包方不得调整承包地。"立法意图是，通过设定较长的承包期和严格控制土地调整这两方面的政策，保护土地承包关系长期稳定。2008 年中央 1 号文件要求，"各地要切实稳定农村土地承包关系"，"严格执行土地承包期内不得调整、收回农户承包地的法律规定"。2008 年十七届三中全会《决定》要求，"赋予农民更加充分而有保障的土地承包经营权，现有土地承包关系要保持稳定并长久不变"。此后，历年的中央 1 号文件一再强调土地承包关系要保持稳定并长久不变。

由于一贯坚持"稳定土地承包关系"政策，严格禁止土地调整，在促进了农业经济发展的同时，也形成了一些突出问题。一是承包地细碎化问题一直没有能够得到有效解决，目前仍户均五六块地，耕作不便，生产成本高；二是"人—地"不平衡问题逐步积累，农村无地人口越来越多，作为集体经济组织成员没有得到应有的土地利益，不利于农村和谐稳定。

再返观"稳定土地承包关系"政策，感觉出台并实行这一政策的缘由值得重新审视。上述文件中所述缘由主要有三个方面：一是为了鼓励农民增加投入，提高土地的生产率；二是为了防止经营耕地规模不断被细分，进一步加剧细碎化问题；三是为了解除农民的后顾之忧，保持农村稳定。笔者研究认为，原来出台"稳定土地承包关系"政策时所陈述的这三方面缘由已基本不能成立。关于第一条缘由，我国农业经济发展到当前阶段，中央强农惠农富农政策体系已经建立，对于农村土地的投入（水、电、路等基础设施），已转为以国家和集体为主承担，农民对土地的投入主要是浇水和施肥，而土地调整对于浇水和施肥基本无影响；关于第二条缘由，土地小调整会在一定程度上加剧承包地细碎化，但是，土地大调整恰恰能够比较彻底地解决细碎化问题，这在河南商丘、广东清远、广西崇左、湖北荆门等地都有生动实践；关于第三条缘由，农业农村的实际情况表明，稳定土地承包关系反而引起了农民的后顾之忧，农民顾虑将来家里娶了媳妇、添了孩子，却没有承包地。另外，值得注意的是，上述三方面缘由，基本都是在 2002 年颁布《农村土地承包法》之前有所论述的；自 2002 年以来，尽管仍坚持强调"稳定土地承包关系"政策，但几乎没有再论述过实行这一政策的理由。

这里举例作出具体分析。以山东省德州市齐河县柳杭店村为例。该村有 1100 亩耕地，1992 年以前户均三四块承包地。自 1992 年以来，该村一直坚持两年左右一次小调整，十年一次大调整。1992 年大调整时变为户均两三块；2002 年大调整时基本实现了一户一大块地，办法是好地按实际面积分，稍差的地把面积打折分，一亩多算作一亩；2012 年大调整时，进一步实现了一户一大块地。

该村进行土地调整的目的，一是为了实现"公平"，减人减地、增人增地；二是为了解决承包地细碎化问题，从而完善土地承包关系。笔者近年曾两次到该村的田间地头进行随机访谈。以一户农民家的承包地情况作具体说明。这个农户家有 10.8 亩地，是一整块地，地块长约 260 米、宽约 28 米。经与他家攀谈，我很快就明白了：这是 6 口人的地，相当于每口人有 4.7 米宽的一个地块；如果家里少了一口人，村里就会给去掉 4.7 米宽的地。村里各家各户基本都是这样的情况。据了解，德州市农村普遍存在土地调整现象，因为当地人均近两亩地，每亩土地的流转费达九百元左右，如果不达到"公平"，无地人口每年将损失约 1700 元的经济利益，因此，在当地农村"公平"是农民非常重视的一个问题。可以说，德州市的土地承包关系是不稳定的，但是却实现了"公平"，那么，实现"公平"的同时是否损失了"效率"呢？答案是明确的：没有。目前，浇水和施肥是当地农民进行农业生产的主要投入。仍以柳杭店村为例。该村灌溉主要使用黄河水，方式是"水渠＋拖拉机＋水泵＋水带"；施肥主要是用化肥，个别农户用一些农家肥、有机肥。农民说，"调地不影响对土地的投入，该浇水还得浇水，该施肥还得施肥，不投入当年就影响产量。"全村小麦亩产达 1200 斤*，玉米亩

---

* 斤为非法定计量单位，1 斤＝500 克。——编者注

产达 1500 斤。齐河县是全国有名的产粮大县，全县已有 30 万亩"吨半粮田"。

农村的实际情况表明，"效率"与"公平"并不矛盾，而且可以兼得；目前，"稳定土地承包关系"与"保障国家粮食安全"的关联性已经较小。笔者在多地调研访谈的结果都是这样。比如，内蒙古土默特右旗上茅庵村农民说，"二轮承包时我们村是小调。实际还是大调好，但当时不让大调。"我问他，"你觉得调地会影响粮食产量吗？"他说，"怎么会影响粮食产量？动不动地都是这么个种法，影响不了粮食产量。"我追问他，"动地会影响施肥、打井吗？"他说，"不会啊。该施肥还得施肥，该打井还得打井。"他家有 5 块承包地，其中 4 块地用黄河水，1 块用机井水。机井是大队打的。他说，"承包到户前就打了井了。大概是 1976 年打的。现在还能用。"

因此，需要反思的是，实行家庭承包以来的农地政策，在逐步强调"稳定"的同时，政策思路本身是否也逐步"固化"了呢？这样的政策还符合农村的实际吗？或许，当前已经到了亟须思想再次解放的时候了。

（二）关于修订土地承包法的有关建议

农地制度及其具体政策，集中体现在《农村土地承包法》和中央有关文件中。结合上述研讨，就修订《农村土地承包法》提出以下两条建议。

一是，将第二十七条修改为：

（删除"承包期内，发包方不得调整承包地。"）

承包期内，因自然灾害严重毁损承包地、承包土地被依法征用占用、人口增减导致人地矛盾突出、承包地块过于细碎等特殊情形，经本集体经济组织成员的村民会议三分之二以上成员或者三分之二以上村民代表的同意，并报乡（镇）人民政府和县级人民政府农业等行政主管部门批准，可以对承包土地进行必要的调整。承包合同中约定不得调整的，按照其约定。

二是，将第三十条修改为：

承包期内，妇女结婚，新居住地所在集体经济组织应在三年以内为其分配承包地，在新居住地未取得承包地的，其原居住地的发包方不得收回其原承包地；妇女离婚或者丧偶，仍在原居住地生活或者不在原居住地生活但在新居住地未取得承包地的，发包方不得收回其原承包地。

四、三轮承包制度的顶层设计

我国农村土地实行家庭承包经营制度已经 30 多年，已经积累了丰富的实践经验。我们应当有这样一个基本认识，即：一轮承包是试运行期，为二轮承包探索了经验；二轮承包是正式运行期，进一步总结经验，对存在的问题研究提出解决对策；三轮承包是第二个正式运行期，在一轮承包和二轮承包经验教训的基础上，力求进一步完善农地制度，充分发挥其制度效能。这是纵览我国农村土地承包经营制度后，应当明晰的一个总体轮廓。按照这样的思路，经过分析研究，笔者认为，三轮承包制度的顶层设计主要应从三个方面着力。

（一）建立农地制度研究模型并作出基本判断

农地制度是一个复杂而又系统的政策体系。总体看，三轮承包的政策体系可以看作两个部分：一是，在三轮承包"起点"将涉及一系列政策。如，要不要搞"起点公平"（土地调整）？要不要收回已实现城市化的农户的承包地？等等。二是，在三轮承包"期内"也将涉及一系列政策。如，承包期多长更为科学合理？承包期内是否允许有一次或几次"期内公平"（土地调整）？要不要适时收回已实现城市化的农户的承包地？等等。同时，还应看到，这两部分政策，即"起点政策"与"期内政策"，需要相互照应，使两部分政策形成一个有机整体，而不能各行其是、不成体系。

按照上述总体分析，有必要建立一个"三轮承包"农地制度研究模型（图1），以做到一览无余、总体把握，系统设计、科学合理。

返观现行农地制度，其核心政策是，强调稳定土地承

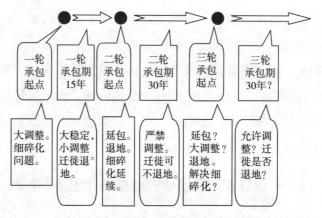

图 1　"三轮承包"农地制度研究模型

包关系，严禁进行土地调整。具体来说，"起点"实行延包政策，不支持"起点公平"（土地调整）；"期内"实行严禁土地调整的政策，以保持土地承包关系长期稳定。如果农村集体经济组织一直严格执行这两方面的政策，即：一轮承包期内（15 年）从不进行土地调整；二轮承包起点也不进行土地调整，二轮承包期内（30 年）也不进行土地调整；三轮承包起点也不进行土地调整，三轮承包期内（30 年或更长）也不进行土地调整；……也就是说，实行家庭承包制以后从不进行土地调整。显而易见，执行这样政策的结果是，与实行土地私有化几乎没有什么两样。私有化农地制度的基本特点就是，在起点实行私有化，以后永远不再进行土地重新分配。对于私有化农地制度，也可作一个简要的研究模型（图 2）。

图2 "私有化"农地制度研究模型

总体看，现行农地制度最为突出的缺陷是，把"稳定土地承包关系、严格禁止土地调整"作为核心政策，拟长久稳定土地承包关系，甚至长久固化土地承包关系。而从本文前述研究可知，长时期严格禁止土地调整会带来两大问题，一是土地细碎化问题难以解决，二是"人—地"不平衡问题逐步加剧。可以说，"是否允许进行适当的土地调整"，是整个农地制度中非常敏感、非常关键的一项政策。这项政策好比农地制度的"穴位"。目前，这个"穴位"处于被"点死"的状态，使农地制度缺乏活力。可以预见，只有"点开"这个"穴位"，农地制度才能"复活"，才能释放生命力。

（二）三轮承包起点的主要政策

1. 允许实行起点公平

"起点"是一个重要时点，起点政策至关重要。根据二轮承包起点的经验教训，应允许实行起点公平，使新的一轮承包期有一个公平的起点。这是广大农民群众的普遍愿望，也是政策理论界能够普遍认可的一个重要原则。

允许起点公平，就是把起点是否调整土地的决策权交给村组集体经济组织，由村组集体根据各自实际情况作出决策。农民群众普遍有调整土地需求的，应当进行土地调整后再发包；农民群众普遍不愿意重新调整土地的，应当尊重群众意愿，稳妥开展延包工作。进行土地调整的，应注意解决地块细碎化问题，使各户所承包土地尽量连片。

2. 积极解决退地问题

城市化过程中，已完成市民化的农户，退出其原有承包地是应当的。只有逐步减少农民，才能慢慢扩大农村农户的承包地规模。

承包起点是清理、明晰集体经济组织成员名册的重要时机。此时，让已实现市民化的农户退出承包地，优化农村土地承包关系，是农民群众普遍认可的做法。

（三）三轮承包期内的主要政策

1. 建立科学合理的土地承包经营期限制度

承包期限是指农村土地承包经营权存续的期间。从农业生产要素角度分析，承包期限即土地（生产资料）与农户（劳动力）共同参与农业生产活动的期限。期限太短，不利于土地承包经营权的稳定和农业的发展；期限太长，则不利于对土地利用方式的适当调整以及有关利益的协调。从理论与实践两个方面看，承包期政策是农地制度的重要内容。那么，承包经营期限的长短如何确定？多长的承包期更为科学合理？这是农地制度中需要研究透彻的一个方面。

影响承包期限设置的因素主要有两个方面。一是承包期应有利于稳定农户的生产经营。农业生产有周期性，同时，需要生产者进行必要的投入。承包期应有利于实现上述生产过程。二是承包期应有利于使城市化农民退出承包经营权。我国有13亿多人口，其中约9亿农民、2.3亿户承包农户。在城市化过程中，农民实现市民化后，在城市就业、享受城市社会保障，其在农村的土地承包经营权应当退出。因此，《农村土地承包法》第二十六条规定："承包方全家迁入设区的市，转为非农业户口的，应当将承包的耕地和草地交回发包方。承包方不交回的，发包方可以收回承包的耕地和草地。"实践中，以一些国家的城市贫民窟为鉴，为给进城农民留一条退路、促进社会稳定，中央又明确要求城市化不得与土地承包经营权退出挂钩。国务院《关于进一步推进户籍制度改革的意见》（国发〔2014〕25号）明确要求："现阶段，不得以退出土地承包经营权、宅基地使用权、集体收益分配权作为农民进城落户的条件。"

从二轮承包运行情况看，30年是比较合宜的承包期限。一方面，有利于稳定承包关系、稳定经营预期，有利于增加承包经营者与土地的感情；另一方面，有利于期满时让已完成市民化、享受城市社会保障的那部分农民退出原有承包耕地，从而使农村务农农户在一定程度上扩大承包土地面积，有利于适度规模经营的发展。中国有句老话，"三十年河东，三十年河西"，意思是说，三十年是一个较长的时期，经过三十年以后，情况会有很大变化。因此，30年承包期是比较科学合理的，可以考虑把"30年承包期"作为一项科学合理的制度稳定下来，轮续坚持。

当然，如果满足以下两个条件，即承包期内允许进行土地调整（比如允许每10年进行一次），并且在承包期内建立已完成市民化的农户退出承包地的制度，可以考虑将承包期设定为50年，甚至70年、90年。笔者认为，对于城市化过程中的农民来说，其承包地好比"脐带"。"脐带"是有特定功能的。人类的"脐带"，其存在并发挥作用的时间段为10个月左右。承包地作为进城农民最基本的社会保障，这个"脐带"存留一定时间是必要的，比如十年左右；但如果时间过长，显然既不必要、也不合理。

2. 按照实事求是的原则确定土地调整政策

农经界一般认为，土地调整会带来诸多弊端，如不利于稳定生产经营预期，不利于生产经营者增加对土地的投入。但是，笔者多年来研究和调查发现，土地调整不仅没有那些弊端，而且有诸多利好。

前文已述，"公平"（土地调整）并不损害"效率"。实践表明，土地调整至少有两大好处。一是解决承包地细碎化问题。承包地细碎化是困扰农业生产的老问题，各地村组集体普遍有解决细碎化问题的愿望。因此，村组有土地调整的机会时，会认真考虑这一问题，进行统筹安排，尽量使农户新承包的地块连片。二是解决"人—地"矛盾问题。土地调整是解决"人—地"矛盾的必要途径，以均衡集体经济组织成员之间的土地利益。无论逻辑推理还是实践验证，都可以得出这样的结论：当矛盾积累到一定程度的时候，小调整可以解决小问题，大调整可以解决大问题。

对于土地调整问题，到底调好还是不调好？最终调还是不调？如何才能趋利避害？农民群众自己最清楚。因此，应按照实事求是的原则，把决策权交给农民集体，由群众民主议定。

杜老的农地制度思想^①

——关于杜润生先生对农地制度系列重要论述的研究

杜润生先生是农村土地承包制度的重要推行者，对于构建"集体所有，承包经营"的农地制度作出了历史性贡献。杜老对于农地制度的一系列重要论述，集中体现在《杜润生自述：中国农村体制变革重大决策纪实》（下简称《自述》）、《杜润生文集（1980—2008）》（下简称《文集》）等文献著述中，涉及家庭经营、农地产权、承包期、承包关系、细碎化问题等诸多方面，内容广博，阐述精辟，既针对当时的具体问题，又展望长远的制度设计，对于我国家庭承包经营制度的建立健全和贯彻实施产生了深远影响。杜老的这一系列重要论述，体现了他睿智深邃的农地制度思想。全面深入领悟杜老的农地制度思想，有助于深刻理解和准确把握农地制度中各项政策的内涵。

---

① 此文原载于"三农中国"网。

一、杜老的农业家庭经营思想

杜老关于家庭经营的论述，可以概括为四个方面：首先，家庭经营是符合农业生产特点和要求的经营组织形式；其次，家庭经营是世界农业的普遍形式，我国也不能例外；第三，农民对家庭承包经营制度的创造，源于人民公社时期自留地制度和农民自发包产到户两方面的启发；第四，我国农业实行家庭承包经营后，尽管一家一户的经营规模小，与其他国家的产权制度也不同，但这种组织形式是家庭农场。对于前两个方面，已广为所知和接受；对于第三个方面，多数人知晓"家庭承包"制度源于五六十年代农民的自发探索，"包产到户"有过几起几落，但不知道或没有深刻理解"自留地"制度对而后"家庭承包"制度形成的启发作用；对于第四个方面，给予关注和深刻理解的人比较少，在多数人的潜意识里，并没有把小农户的家庭经营农业视为家庭农场。

（一）家庭经营是农业的自然要求

杜老从五个方面作了精要论述：第一，它适应农业生产的特性。农业的生物学性质，使它受气候的制约，务农首先要不误农时；农作物生长在土地上，土地不可移动，需要人迁就土地，土地不会迁就人。以上两条特性，要求农民自觉自愿不误农时进行精耕细作。因此农民与土地关系如何，可以决定生产的好坏。第二，家庭经营规模可大可小。历史上我国家庭经营大多是小农经济。经过两个世纪的变化过程，发现小农经济会消灭，而家庭经营会保留。家庭农业可变成大农经济。这是由于随着社会分工细化，出现一次、二次、三次产业的分工，专业化服务业的不断发展，以及工业化城市化比重的不断扩大，随之而来的是人口迁移，农村人口减少，土地相对集中；再加上可移动机器——拖拉机等的供给，与雇工相比，成本较低，可以机械代替劳力。这些变化，均有利于家庭农场不需雇工就能扩大耕地经营规模。第三，家庭经营拥有自主权。农民作为市场经济主体，能自主决策，平等交换，自由来往，经风险，见世面，努力学习经营，学习技术，从而激发自身上进心和竞争性，为创造生产收益最大化而奋斗。第四，在市场经济条件下，可依靠土地市场激活土地流动性，实现土地资源配置合理化。第五，家庭经营有利于农业的可持续发展。（《文集》895 页）

（二）家庭经营是世界农业的普遍形式

杜老介绍说：1979 年以后，我到过南斯拉夫、北欧各国、法国、美国、英国、西德、日本，看到家庭农场还大量存在。农村虽有雇工经营的农户，两极分化并不严重。在欧美各国发现，老的资本主义国家中农村家庭经营占的比重均在 80%～90% 以上，经营规模很大。一个农场，土地少的是几公顷，多的是几十、几百公顷，不雇工，只在农忙时雇点学生打工，一切现代技术都能应用。家庭经营与农业现代化不是对立物，彼此可以相容。（《自述》113 页）美国家庭经营不仅经营自己的土地，也租赁他人的土地。在现代化国家的农场中，美国有 95%、德国有 86%、日本几乎 100% 都是家庭经营。（《自述》203 页）

（三）家庭承包制源于自留地和包产到户的实践

杜老说：承包制是参照自留地而来的，集体化时期的自留地是集体土地家庭经营，自留地产量比集体的高出几倍。我在调查时，听到农民说，你们按照自留地的办法就可以解决大问题。（《自述》第 203 页）杜老指出：农村改革的历史也就是家庭农业发展的历史。人民公社《六十条》给农民留了一个自由空间，即自留地制度，这是土地公有，家庭经营的模式。一家人在一小块土地上有了一点自主权，就能创造出生产奇迹。有的干部群众从中受到启发，联想到在中国曾流传过的"承包经营"，人们想到，假如把公有土地承包给家庭经营，国家和社员一定是双方得益。因此，有了包工、包产直到包干的办法。包产到户终于在 80 年代得到中央的认可，这使我们重新发现了家庭农业的意义和作用。（《文集》895 页）

（四）小农户家庭农业是家庭农场

1981 年 10 月，杜润生在一次国务院会议上，以"重新认识家庭农场"为主题作了发言。（《自述》132 页）后来他还指出：土地生产要受自然气候的支配，需要因地制宜，进行现场决策，必须找到现场决策人。在这个意义上，家庭农场是现成的，也是传统的机制。现在，全世界都证明最适于农业的形式是家庭农场。（《自述》161 页）1998 年 10 月，杜老指出：我们也提倡规模经营，也认为家庭经营规模太小，有限制性，但到头来还是靠超小型的家庭农场。（《文集》886 页）1999 年 10 月，杜老强调：要长期保留家庭农场，发展家庭经济，因为它有较强的生命力。（《文集》966 页）2002 年 1 月，杜老在一次农经论坛上讲话指出：家庭承包制度 30 年不变的政策必须稳定下来，家庭农场废除不了，全世界都是如此。（《自述》276 页）同月在一次国际研讨会上，杜老以"家庭农场与规模经济"为题作了讲话。（《文集》1247 页）2002 年 5 月，杜老又指出：改革前 22 年和改革后 23 年，两个阶段农村经济发展状况的比较证明：家庭农场这个制度是有生命力的。它可能容纳生产力的进一步发展，应当稳定下来。（《自述》282 页）从杜老的著述中大致可以看出，杜老一向认为，我国家庭经营农业就是家庭农场，不论是旧社会的家庭农业，还是新时期实行承包经营的小农户家庭农业。

二、杜老的农村土地产权制度思想

杜老关于农地产权的论述，主要有三个方面：首先，集体所有制是适合我国国情的土地所有权制度；其次，家庭承包制的特征是"公有私营、两权分离"；第三，土地承包经营制度应坚持"三权原则"。

（一）集体所有制是适合我国国情的制度

杜老回忆说：讨论时有些不同意见，对土地公有，有人主张土地国有，不搞集体所有，但多数不赞成。因为国有最终也要落实到谁管理。在前苏联，虽然说是国有，后来是集体农庄长期使用。实际上是集体所有代替国有，但集体所有，未明确这个"集体"到底指谁。（《自述》156页）杜老指出：土地是自然物，是一国之土，国家总是要管理的，必须保留某种权限。集体所有权，正在演变成公民自治社会的所有权。（《自述》203页）杜老强调：我国农村改革的主流既非重分原有集体财产，也非重建农村的私有制，而只是改变其所有权的存在形式，完成了耕地的所有权与经营权（占有、使用和收益的权利）的分离。（《文集》316页）

（二）家庭承包制是公有私营、两权分离

杜老指出：农村改革把集体统一经营转换成了家庭承包责任制，形成一种公有私营的土地制度。所有权和使用权的两权分离，过去在中国社会也曾经存在过，但不是很普遍，比如，村庄的祠堂地、村社土地一类。至于地主土地，农民租用，是私有制下的两权分离。与公有私营是有区别的。（《自述》153 页）土地政策既要坚持所有权，又要强化经营权；既保持承包的稳定性，鼓励农民行为长期化，又鼓励有偿转移，为规模经营留下余地。农民的土地使用权，代表一定的收益权，也可以说拥有部分地租收益权，在这基础上建立有偿转让制度，体现价值法则。（《文集》401 页）

（三）土地承包经营制度应坚持"三权原则"

杜老指出：对农业用地，中央提出：明确所有权，稳定承包权，搞活使用权三条指导性原则。这是照顾历史传统和现实改革成果，又体现由市场配置资源、改善土地资源利用方式的要求而设计的。其中土地公有，使用权长期化是前提。（《文集》686 页）中央规定土地承包合同 30年不变，"明确所有权，稳定承包权，搞活使用权"。这是个很好的体制，还应继续实行下去，使之长期化、法制化。（《文集》905 页）我们的土地制度原则应该是：确立

土地所有权，稳定土地承包权，搞活土地使用权。我认为，最要紧的一项改革是发育土地使用权市场。（《文集》627 页）土地制度要明确集体所有权，稳定家庭承包权，搞活土地使用权。农民有了使用权，不能没有法定的收益权和处置权。（《文集》640 页）杜老强调：总之是要继续贯彻执行：明确集体所有权，稳定家庭承包权，搞活土地使用权这三项原则。这是继家庭承包制以后，又一项新的制度安排，这样的制度安排要旨是土地能流动，使用权进入市场，优化要素组合，促进结构变化，为农业现代化提供新的推动力。（《文集》661 页）

三、杜老的土地承包期长期化思想

杜老关于土地承包期制度的论述，可以概括为两个方面：一是，土地承包期应长期化；二是，曾经主张实行永佃制，甚至提及私有制。

（一）土地承包期应长期化

杜老说：应当把家庭承包制稳定下来，让农民有稳定感，使承包关系长期化、固定化。从农业固定资产的投资效益来说，三年五年短了一些。承包期限长一点，可在10 年以上，鼓励农民作长期打算，以利于改良耕地，增加投入，提高生产，避免掠夺式经营。（《文集》144 页）

农地制度论

关于土地承包年限，综合群众要求是："太短不干，太长不信"，短了怕收不回投资；"一年上化肥，两年上厩肥，三年上磷肥，十年八年改水地"。考虑到各地的不同条件，文件规定承包期为15年。（《文集》155页）现在农民对盖房子，对口粮田不惜投资，原因很清楚，就是对私房和自留地的长期占有，已成为众所周知的不成文法。这一点，很值得重视。它给我们的启示是，农民使用权长期化，更是当前应确定的核心问题。为了克服农民的短期行为和干部滥用权力问题，就必须把使用权的期限明确下来。1984年的1号文件，正式提出土地承包期延长到15年以上，满足了群众长期稳定的要求，又可以协商转让土地，这就把市场原则引进来了，向形成土地市场前进了一步。但缺点是15年为期显短。（《自述》156页）中央制定了土地承包长期不变的政策，目的在于巩固承包经济，鼓励农民对土地投资，确立长期经济行为。但是"承包土地15年不变"的政策宣布以来，农民对土地的投入比之于对住房投入的兴趣要小得多。现在农民正在盘算这样的问题：多投入划算不划算，多投入将来的收益归于谁。必须重申确保长期承包经营的政策，否则农业就没有持续增长的基本支撑点。（《文集》313页）如何搞好土地使用权？必须使土地承包权长期化，短期副作用大。每年都变动不行，你三两天就变动，哪有什么市场？今后使用权长期化，30年50年都可以。（《文集》588页）

（二）曾经主张实行永佃制

杜老回忆说：在中央的一次会议上，在对 15 年合同期的讨论中，我曾介绍中国过去的土地"永佃权"办法，对此表示怀疑者不少。可以在 15 年期满后，再递增 15 年，慢慢就把承包田自留地化了。（《自述》156 页）在开始搞承包制时，我提出过永佃权，多数同志不赞成，但都赞成承包，赞成时间可长一点。（《自述》203 页）当时把包产到户和包干到户，统称为家庭联产承包责任制，曾考虑过土地用于农耕，最忌掠夺性短期行为，因此想比照历史上有过的经验——"永佃制"（即无限期租赁）设计承包制。权衡过利弊，提出酝酿，赞同者少，怀疑者多，认为不符合责任制概念。（《文集》830 页）杜老指出：如何解决土地所有权问题，当前有两种思路：一是尽量实行私有化，即使不能够取消公有制，也要把承包权扩大到最大限度。如搞永佃制。另一种思路是稳定承包制，界定产权、所有权、使用权，保障所得，以鼓励长期经营行为。（《文集》433 页）一句话，这个制度不是私有制，但可以说是一个时段的私有制。这个制度可以将集体公有制的优点和私有制的优点通过明晰产权归属，形成一个有效益的机制，激励农民发展生产。（《自述》204 页）杜老还说：目前的不断调整，是平均主义思想在新的历史条件下再现。停止调整只能在一定程度上处理农村集体和承包户的关系，只是治标之策。根治之道，建议通过修改宪法，改变土地集体所有制，回到"耕者有其田"或土地国有农民承包使用，加上发育土地市场，有偿流转，取代行政调整。（《自述》283页）可通过立法，赋予农民完整的土地财产权，取代土地承包制。（《文集》1416页）现在法律只是赋予农民土地使用权，从长远看，最终要给农民完整的一束土地财产权。（《文集》1423页）

四、杜老的稳定土地承包关系思想

杜老关于稳定土地承包关系的论述，与其承包期长期化思想相辅相成，可以概括为三个方面：一是，一轮承包期内允许"大稳定、小调整"，倡导"生不增，死不减"；二是，后来越来越主张严格禁止土地调整；三是，稳定土地承包关系应法制化。

（一）一轮承包期内允许"大稳定、小调整"

1982年12月，杜老说：农村人口的流动和增减，会引起重新调整的要求。小调整只是零星进行，不宜大动作。（《文集》113页）1993年9月，杜老认为：土地使用权可以长期化，生不增，死不减，用国家法律形式予以公布，侵犯者承担法律责任。（《文集》577页）同年10月，杜老指出：每年都变动不行，你三两天就变动，哪有什么市场？最好能够实现"生不增，死不减"，添了人口不给加土地，老人死了不给减土地，产权要固定一个时期。（《文集》588 页）同年 12 月，杜老又指出：过去几年，按人口增减来调整耕地，大多数是三年一变，影响农民的政策稳定感。中央已规定承包长期化，在承包期内，应实行"增人不增地、减人不减地"。（《文集》628 页）1994 年 5 月，杜老指出：目前的问题是农民感到承包权不稳定，各地随人口增减，3 年一动，原定 15 年承包期，各项制度尚未完全落实，即已到期。中央决定，延长承包期，30 年为约定期，允许有偿转让使用权，倡导生不添，死不减。（《文集》661 页）同年 11 月，杜老又指出：经过公决，可规定："增人不增田，减人不减田"，以阻止频繁调整和继续分割耕地。新增人口，可用其他办法照顾。（《文集》687 页）

（二）越来越主张严格禁止土地调整

1998 年 5 月，杜老指出：作为农村人留下一块土地是必要的，需要把它当做家庭保险依靠。因而继土改平分土地、改革平均承包土地之后，人人一份口粮田，"生增死减"等也成为部分农民的要求。不是耕者有其田，而是有人就有田。此时如果把土地定期调整制度定下来，变成轨道依赖，既助长少数基层干部权力滥用，也会妨碍农民保护土地、建设土地，并制约长远经营意识的形成，加快土地质量退化。(《文集》833 页)同年 10 月,杜老指出:中央提出土地承包稳定 30 年不变,我很拥护。我看土地占有不可能永远保持绝对平均。现在平均承包土地,只是在市场经济竞争中求得起跑线的公平。至于竞争带来的不公平,不能单靠行政手段,用调整土地的办法解决,那样就会影响农民的预期。如果农民认为你三五年就会调整一次土地,对产权的预期非常不稳定,那他就不会好好地投资了。真正的调整要靠市场,靠土地市场。(《文集》889 页)同年 12 月,杜老又指出:在市场经济条件下,不断地用行政手段给农民调整土地,我们是不赞成的。用平均主义的办法调整土地,生一个人给一份地,死一个人取消一份地,这不是个好办法。(《文集》905 页)增人不增田,减人不减田,目的在于避免对土地的频繁调整。最初贵州湄潭出现,并进行试验,其可贵价值就在于这种创造有市场意义。我们主张效率公平兼顾,起点的公平是必要的,过程的公平也是必要的。国务院规定,可以用 5% 的机动田来解决某些市场流转解决不了的土地问题,即市场失灵问题。按照 5% 的比例,全国 20 亿亩土地中就有2000 万亩,够用了。重要的事情是发育土地市场。一方面强调稳定,另一方面要强调流动。流动不能靠频繁的行政调整,不能提倡随人口变化频繁调整,这是小农平均主义。必须靠市场优化土地资源的配置,它在这方面具有不可替代的作用。福利式分配应另有福利制度,用社会保障和财政转移支付的办法去解决。目前农村还得靠每个家庭,不应反对家庭内部调整。(《自述》204 页)2000 年 1月,杜老指出:我们主张建立有偿转让的土地市场,以市场调整来代替人为调整。某些地区受人口增长的压力太大,农民又缺乏农外就业机会,可制定一些限制措施,防止过度频繁、大幅度的调整。如数量限制,在大约 10% 的土地范围内调整;时间限制,必须稳定 5~10 年后才可调整;人口类型的限制,生小孩不调整,媳妇如转户可调整。对这些限制方法,还没有最终的意见。我看限制是必要的,无论如何不能使农民因为调整而不愿增加土地投入,实行掠夺性经营。(《文集》995 页)2002 年 1月,杜老强调:中央做出决策,现行家庭承包土地政策 30 年不变,必须坚持贯彻执行,做到 30 年内生不增死不减,不论大调整小调整均应一律禁止。(《文集》1250 页)

(三)稳定土地承包关系应法制化

1999 年 1 月,杜老指出:稳定家庭承包制,必须就承包地建立一套法律保障体系,否则长期而有保障这句话就成了空话。土地家庭承包不能说是世界上最好的,但确是一种较好的制度选择。稳定这个已创造的制度是首要任务,其核心是为保障土地的长期使用权建立法律保障。(《自述》202 页)2002 年 6 月,杜老在给田纪云同志的信中指出:30 年土地使用权,已经由 1998 年 8 月修订的

农地制度论

《土地管理法》确定下来，1998 年 10 月十五届三中全会《关于农业和农村工作若干重要问题的决定》又进一步确认，要赋予农民长期而有保障的土地使用权。如果在新法中允许土地调整，其实际意义将是：农民得到的不是 30 年土地使用权，而是期限更短的使用权。（《自述》285 页）在有明确允许调整的法律之下，农民将不会有长期的土地使用安全感，因此就没有动力在他们的地块上进行长期投入。重大的长期土地投入，都需要花很多年才能获得收益；一旦调整的思路被正式的重新引入，10 年的时限也会被广大的村干部所突破。如果赋予村干部重新调整农民土地使用权的法律权力，那些少数对中央政策执行不力或阳奉阴违的村干部将进一步变本加厉，滥用这种权力，任意违背农民意愿搞反租倒包，扶持少数外乡老板或者大公司，从而造成大批农民失业现象。在中国 2.1 亿农户中，已经有 8500 万到 9800 万农户得到了法律规定的 30 年土地使用权合同（46.7% 的农民），他们对其 30 年的使用权充满信心（40.3% 的农民）。如果在新法中允许土地调整，他们的使用权信心将受到严重削弱。这些农民将会认为，中央政策又要改变。这样一来，人大为建立农村法制所作的努力，将受到严重影响。用行政手段调整取代市场有偿转让，动摇土地使用权稳定的 30 年基本政策，并可能影响到国家的法制威信。（《自述》287 页）

五、杜老的解决承包地细碎化思想

杜老关于解决承包地细碎化问题的论述，散见于其讲话和文章中。

杜老回忆指出：现实中不能令人满意的一个问题，就是土地分割得非常细碎。各地分配土地的具体办法，一是把土地分成上、中、下三等，按等级计算"分数"，然后按"分数"配给土地。但农民要求，分配时必须好坏搭配，结果不得不把好地、坏地平均分成了若干块，最多的一户农民有分到 9 块土地的。有一些地方是按产量，按上、中、下折成价，平均分配到户，尽可能的连片，按一片一片地分，产生的差额，用现金而不是用土地补齐。这就前进了一步，但所占比重不算大。（《自述》154 页）1983 年 3 月，他指出：有的地方土地分得过碎，成为不稳定的因素，应当引导农民逐步调整。尽可能通过经济办法，不搞突击，由农户双方协商，自愿自动进行调整。安徽滁县地区有过这种经验。（《文集》123 页）同年 9 月，他指出：至于土地调整，主要是为了解决承包地过于零散，在目前生产条件下，应在自愿的基础上调换一下地块，群众是有要求的。（《文集》148 页）同年 12 月，他又指出：实行联产承包制时，除少数地区外，农民大多不接受我们提倡的按劳承包，而欢迎按人承包，人人有一份责任田，肥瘦搭配。结果土地划得很零散，带来诸多不便。现在醒悟过来了，纷纷要求调整，稳定一个长时期。（《文集》155 页）不少地方责任田划得太零散，不便耕作，费工费力。每户 20 多块，有的种丢了，有的种错了。农民希望每家"最好一块，可以两块，不过三块"。（《文集》156 页）1984 年 3 月，他指出：现在我们已经发现，有的地方土地分得过分零散。大部分地区是按人头或按人劳比例承包土地。这样，就把土地分得过于零散了。群众要求按人承包，这是可以理解的。对群众的意愿，不要勉强，只能通过实践经验，因势利导，加以调整。在经过了两三年实践之后，农民已感到确实不方便了，纷纷提出调整要求。因此，1984 年中央 1 号文件提出建议：可以有组织的在自愿原则基础上，进行调整，叫"大稳定小调整"，以方便耕作。（《文集》190 页）

六、学习领悟杜老农地制度思想的体会

杜老关于农地制度的一系列重要论述，博大精深，富有经济、政治及文化内涵。笔者研读后，对一些问题的认识豁然开朗，受益匪浅。同时，笔者也感到，受当时历史阶段、个人认知程度等方面的局限，杜老有的论述和观点值得商榷。也正因此，笔者在前些年学习研究的基础上，近期专门就杜老的农地制度论述进行了梳理挖掘，以完整

深刻地理解其思想内涵，以及由各项政策所产生的现实影响，以期对当前和下一阶段的农地制度有所启迪。

（一）杜老是农地制度思想的集大成者

杜老诞生于 1913 年 7 月，逝世于 2015 年 10 月，享年 102 岁。他将毕生的主要精力，倾注于"三农"事业，特别是农村土地制度。从新中国建立前后的土地改革，历经农业合作化运动、粮食统购统销、"大跃进"和人民公社，到推行和完善土地家庭承包制，他都有独到精辟的见解，尤其是对于农地制度卓有建树。纵览杜老的诸多著述，深入领悟他对家庭经营、农地产权、承包期、承包关系、细碎化问题等各个方面的具体论述，颇感内容广博，富有智慧，思想深邃。

（二）杜老农地制度思想的深远影响

杜老的农地制度思想，是极为丰富和宝贵的财富，对于以"集体所有、承包经营"为特征的农地制度形成和完善，产生了广泛而深刻的影响。特别是承包期长期化、稳定承包关系等方面的思想，均转化为有关的中央政策和法律法规的核心内容。笔者尤其印象深刻的是，从杜老《给田纪云同志的信》可以看出，将要提交全国人大常委会讨论的《农村土地承包法》草案，包含一条允许在 30 年承包期内进行一次或几次土地调整的规定（比如说允许每

10 年调整一次），杜老对此提出了异议，并列举出通过这样一条规定至少可能带来九个方面的后果；2002 年通过的《农村土地承包法》，充分采纳了杜老的意见，对土地调整作出了严格规定。杜老认为，一方面承包期要尽可能长，另一方面承包期内承包关系要尽可能稳定，两个方面合二为一，才能形成长期而有保障的承包经营权；在不触及土地集体所有制的前提下，实现农户承包经营权利的最大化，有利于经营者稳定预期、增加投入，从而刺激生产力的释放，促进农业生产的长期持续发展。

（三）杜老农地制度思想的主要缺陷

笔者经过反复研读、推敲，感觉杜老农地制度思想的一个特点是，重视效率、轻视公平。杜老说，"承包地怎么分配，我们提倡不要过分分散"，原想按劳动力分包土地，这是从效益原则着眼的；"群众实行的结果，是按人承包"。杜老指出，"不能提倡随人口变化频繁调整，这是小农平均主义"，"增人不增田，减人不减田，目的在于避免对土地的频繁调整"，"现在搞平均主义，却会破坏生产"。2002 年 5 月，杜老以"稳定家庭承包制，严禁土地调整"为题撰文，强调指出，农村土地调整行为是对现行体制稳定的主要障碍，这与某种传统的平均主义思想有一定联系；"一人一份土地"被误认为是合理而合法的结构模式，实行起点公平是必要的，但起点公平不可演绎为结果公平；农民从生产需要出发，本能地了解产权必须保持稳定，稳定才可树立预期，才敢于投资，搞长期建设，实现增产增收。同年 6 月，杜老在给田纪云同志的信中，反对《农村土地承包法》草案中关于允许在 30 年承包期内进行土地调整的规定。总之，可以看出，杜老对于农地制度的设计，重效率、轻公平，认为"效率"与"公平"在较大程度上是对立的，平均主义的均田做法损害农业生产效率，认为"公平"应从农地制度外解决。因此，他越来越反对"搞平均"，越来越强调"要稳定"，主张严禁进行土地调整。这些主张和政策的后果是，造成农村有越来越多的无地农民，使这部分农民丧失了作为集体成员本应有的土地权益。随着 30 年承包期的实施，这个群体对多年没有承包地的意见越来越大，对等到二轮承包期满越来越没有耐心，这是目前一个比较突出的问题。

关于"人地矛盾"问题的争议[①]

——基于农村土地承包法立法与释义中两种不同意见的研究

我国农村土地兼有生产资料和生活保障两重功能，因此农地制度应坚持"效率优先、兼顾公平"的基本原则，既要促进农业经济发展，又要保障农村社会稳定。对于如何认识和解决"公平"问题，在《农村土地承包法》立法与释义的过程中，形成了两种截然不同的意见。本文就此作分析研究。

一、立法过程中有两种截然不同的意见

先介绍一下《农村土地承包法》所遵循的立法程序。

2000年3月15日，第九届全国人民代表大会第三次会议通过《立法法》。该法第三节"全国人民代表大会常务委员会立法程序"规定：全国人民代表大会专门委员会

① 此文原载于"三农中国"网。

可以向常务委员会提出法律案，由委员长会议决定列入常
务委员会会议议程；常务委员会第一次审议法律案，在全
体会议上听取提案人的说明，由分组会议进行初步审议；
常务委员会第二次审议法律案，在全体会议上听取法律委
员会关于法律草案修改情况和主要问题的汇报，由分组会
议进一步审议；常务委员会第三次审议法律案，在全体会
议上听取法律委员会关于法律草案审议结果的报告，由分
组会议对法律草案修改稿进行审议；法律草案修改稿经常
务委员会审议，由法律委员会根据常务委员会组成人员的
审议意见进行修改，提出法律草案表决稿，由委员长会议
提请常务委员会全体会议表决。

《农村土地承包法》的立法权限在全国人民代表大
会常务委员会，其立法过程正是遵循上述法定程序进
行的。

（一）全国人大农业与农村委员会起草并提请审议的一审稿，把"自然灾害"作为唯一可以适当调整承包地的"特殊情形"

由九届全国人大农业与农村委员会组织起草的《农村
土地承包法（草案）》，经农业与农村委员会第二十三次全
体会议讨论通过后，于2001年5月10日提请全国人大常
委会审议。该草案第二十六条规定：

承包期内不得调整承包地。但部分农户因自然灾害失

去承包地且没有生活保障的，经所在地县级人民政府批准，可以适当调整承包地。

2001年6月，第九届全国人民代表大会常务委员会第二十二次会议审议了《农村土地承包法（草案）》。全国人民代表大会农业与农村委员会副主任委员柳随年对"适当调整"作了说明：

征求意见的过程中，一些地方提出，现阶段，土地不仅是农民重要的生产资料，也是他们的生活保障。30年承包期内会发生很大变化，完全不允许调整承包地难以做到，建议在特殊情况下应当允许按照法律规定的程序进行必要的小调整。经过反复研究，我们认为，过去承包关系不稳定，主要原因在于通过行政手段频繁调整承包地，带来不少问题，群众意见很大。因此，承包期内必须坚持"增人不增地，减人不减地"。今后出现人地矛盾，主要应当通过土地流转、开发新土地资源、发展乡镇企业和第二、三产业等途径，用市场的办法解决，不宜再用行政手段调整承包地。只有在个别情况下，经过批准，才可以适当调整承包地。据此，草案规定：承包期内不得调整承包地。但部分农户因自然灾害失去承包地且没有生活保障的，经所在地县级人民政府批准，可以适当调整承包地（第二十六条）。同时规定，可以将依法预留的机动地、通过依法开垦增加的土地、承包方自愿交回的承包地等，承包给新增劳动力，以解决人地矛盾（第二十七条）。

由上述条文和说明可见，草案一审稿仅把"自然灾害"列为唯一可以适当调整承包地的"特殊情形"。

（二）全国人大法律委员会、全国人大常委会法制工作委员会修改后的二审稿、三审稿、表决稿，把"征用占用"、"人地矛盾"也列入了可以适当调整承包地的"特殊情形"

1. 全国人大法律委员会、全国人大常委会法制工作委员会对承包法草案修改时，对可以适当调整承包地的"特殊情形"作了较大修改

2002 年秋，全国人大农业与农村委员会副主任委员柳随年撰文《人大十年回顾》。该文指出：由农业与农村委员会起草的《农村土地承包法（草案）》（一审稿）提交全国人大常委会审议后，修改权就交给全国人大法律委员会、全国人大常委会法工委了。交给法律委、法工委后，怎么修改基本上由他们说了算，有时一些原则性的修改报党组甚至报中央都不告诉农业与农村委员会。农村土地承包法在一审后，法工委将原草案规定的承包期内不得调整和不得收回承包地等重大原则性条文作了比较大的改动，不征求农委意见就上报了。

2. 全国人大法律委员会提请审议二审稿时，建议把"自然灾害、征用占用、人地矛盾"作为可以适当调整承包地的"特殊情形"，并将此意见提请全国人大常委会一并审议

2002 年 6 月，第九届全国人民代表大会常务委员会第二十八次会议对《农村土地承包法（草案）》（二次审议稿）进行了再次审议。6 月 24 日，全国人大法律委员会副主任委员顾昂然就《农村土地承包法（草案）》修改情况作了汇报：

关于承包土地的调整。草案第二十六条规定："承包期内不得调整承包地。但部分农户因自然灾害失去承包地且没有生活保障的，经所在地县级人民政府批准，可以适当调整承包地。"有的委员和一些地方、部门提出，为了保护承包人的权益，不应随意调整承包地。同时考虑到实践中除自然灾害以外，还有承包地被依法征用占用、人口增减导致人地矛盾突出，适当调整个别农户之间承包地的情形，应当按照中央关于"大稳定、小调整"的前提是稳定的原则，对调整承包地作出严格规定。因此，法律委员会建议依照土地管理法的规定将该条修改为："承包期内，发包方不得调整承包地。""承包期内，因自然灾害严重毁损承包地等特殊情形对个别农户之间承包的耕地和草地需要适当调整的，必须经本集体经济组织成员大会或者成员代表会议三分之二以上成员同意，并报乡（镇）人民政

府和县级人民政府农业行政主管部门批准。承包合同中约定不得调整的，按照其约定。"（草案二次审议稿第二十六条）

......

草案二次审议稿已按照上述意见作了修改，法律委员会建议全国人大常委会再次审议。

由以上情况可知，全国人大法律委员会把"人地矛盾"列为可以对承包地进行适当调整的"三种特殊情形"之一，并将此意见提请全国人大常委会进行审议。

6月27日，在九届全国人大常委会第二十八次会议审议农村土地承包法草案（二审稿）时，农业与农村委员会副主任委员柳随年发言指出：

关于承包地的调整。一审稿明确规定，除自然灾害以外，不得以其他任何理由调整承包地。二审稿第二十六条第二款规定："承包期内，因自然灾害严重毁损承包地等特殊情形"，可以按照一定的程序调整承包地。这个修改从表面上看问题不大，问题是如何理解"等"字，如果按照法律委员会在说明中说的包括承包地被依法征用占用、人口增减导致人地矛盾突出，那问题就大了。我认为，这两个口子一开，实际上等于否定了承包地不断调整的原则。目前乱征地、滥占地由于补偿不足导致一些农民无法保证正常的生活，有些地方用调整承包地的办法解决，农民意见很大。农村土地承包法通过后，如果继续采取调整其他农民承包地的办法来解决这个问题，不仅侵犯了农民的权益，而且会继续助长乱征地、滥占地。今后应明确规定，谁征用占用承包地，谁就要负责给予足够的补偿，安排好农民的生活，不能再调整其他农民的承包地。对承包期内产生的人地矛盾，除了用预留的机动地、新开地和承包方交回的承包地等解决外，主要用市场的办法，通过土地承包经营权流转，或者发展二、三产业来解决。人地矛盾突出决不能成为调整承包地的理由。因此建议将"等"字删除。

九届全国人大常委会第二十八次会议审议认为，草案二次审议稿吸收了常委会初次审议的意见和有关方面的意见，修改得比较好。同时，也提出了一些修改意见。

3. 审议通过《农村土地承包法》时，维持在"三种特殊情形"下可以适当调整承包地的意见

2002年8月，第九届全国人民代表大会常务委员会第二十九次会议先后对《农村土地承包法（草案）》（三次审议稿）、《农村土地承包法（草案）》（建议表决稿）进行了审议。草案的三次审议稿、建议表决稿，均保留了二次审议稿中关于土地调整的"等特殊情形"的立法意见，即"自然灾害、征用占用、人地矛盾"三种特殊情形下可以适当调整承包地。8月29日，第九届全国人民代表大会常务委员会第二十九次会议审议通过了《农村土地承包法》；同日，国家主席江泽民签署第73号令予以公布。

《农村土地承包法》第二十七条规定：

　　承包期内，发包方不得调整承包地。

　　承包期内，因自然灾害严重毁损承包地等特殊情形对个别农户之间承包的耕地和草地需要适当调整的，必须经本集体经济组织成员的村民会议三分之二以上成员或者三分之二以上村民代表的同意，并报乡（镇）人民政府和县级人民政府农业等行政主管部门批准。承包合同中约定不得调整的，按照其约定。

　　由此可知，《农村土地承包法》以法律的形式确定，在自然灾害等特殊情形下，可以对承包地进行适当调整。按照法律委员会提请全国人大常委会审议的意见，"特殊情形"包括"自然灾害"、"征用占用"、"人地矛盾"三种特殊情形。

二、法律释义中争议双方坚持各自意见

　　2000 年 7 月起施行的《立法法》，第四节"法律解释"中规定：法律解释权归全国人民代表大会常务委员会。常务委员会工作机构研究拟定法律解释草案，由委员长会议决定列入常务委员会会议议程。法律解释草案经常务委员会会议审议，由法律委员会根据常务委员会组成人员的审议意见进行审议、修改，提出法律解释草案表决稿。法律解释草案表决稿由常务委员会组成人员的过半数

通过，由常务委员会发布公告予以公布。全国人民代表大会常务委员会的法律解释同法律具有同等效力。

由上述法律规定可知，法律解释的法定主体是全国人大常委会，其他机构或部门不是法律解释的法定主体。但是，据了解，《农村土地承包法》的解释没有严格按照上述法律规定执行。全国人大常委会并没有发布农村土地承包法解释；全国人大常委会法工委、全国人大农业与农村委员会分别编发了农村土地承包法释义。

（一）全国人大常委会法工委、国务院法制办按照立法本意，作出"三种特殊情形"可以适当调整承包地的释义

1. 全国人大常委会法工委民法室的问答

2002 年 9 月，农村土地承包法普法教材编委会编发《农村土地承包法问答及实施指南》（中国农业出版社）。该书由全国人大常委会法制工作委员会民法室主编。其中，关于"特殊情形"的回答如下：

关于在哪些情况下可以调整承包地，第二十七条第二款的规定是"因自然灾害严重毁损承包地等特殊情形"，即只有在特殊情形下，才可以适当调整承包地。这里的"特殊情形"，主要包括以下几个方面：①部分农户因自然灾害严重毁损承包地的；②部分农户的土地被征用或者用于乡村公共设施和公益事业建设，丧失土地的农户不愿意

"农转非",不要征地补偿等费用,要求继续承包土地的;③人地矛盾突出的。关于人地矛盾突出的,一般是指因出生、婚嫁、户口迁移等原因导致人口变化比较大,新增人口比较多,而新增人口无地少地的情形比较严重,又没有其他生活来源的,在这种情况下,允许在个别农户之间适当进行调整。在实践中,有些地方的做法是,新增人口按照先后次序排队候地,到调整期时"以生顶死",在个别农户之间进行"抽补",将死亡或者户口迁出的农民的土地调给新增人口,调整期一般为五至十年。

上述问答口径与草案二审稿审议时法律委员会的汇报意见是一致的,即在"三种特殊情形"下,可以对承包土地进行适当调整。

2. 全国人大常委会法工委的释义

2002 年 11 月,全国人大常委会法制工作委员会编发《农村土地承包法释义》(法律出版社)。该书关于"特殊情形"的释义如下:

这里的"特殊情形",主要包括以下几个方面:①部分农户因自然灾害严重毁损承包地的;②部分农户的土地被征收或者用于乡村公共设施和公益事业建设,丧失土地的农户不愿意"农转非",不要征地补偿等费用,要求继续承包土地的;③人地矛盾突出的。关于人地矛盾突出的,一般是指因出生、婚嫁、户口迁移等原因导致人口变化比较大,新增人口比较多,而新增人口无地少地的情形比较严重，又没有其他生活来源的，在这种情况下，允许在个别农户之间适当进行调整。在实践中，有些地方的做法是，新增人口按照先后次序排队候地，到调整期时"以生顶死"，在个别农户之间进行"抽补"，将死亡或者户口迁出的农民的土地调给新增人口，调整期一般为 5 至 10 年。

该《农村土地承包法释义》主要是由全国人大法工委民法室编写的，因此与上述民法室编发的《农村土地承包法问答及实施指南》内容是一致的。

3. 全国人大常委会法工委关于《草原法》的有关释义

2002 年 12 月，第九届全国人大常委会第三十一次会议审议通过了修订的《草原法》。该法第十三条第二款规定：

在草原承包经营期内，不得对承包经营者使用的草原进行调整；个别确需适当调整的，必须经本集体经济组织成员的村（牧）民会议三分之二以上成员或者三分之二以上村（牧）民代表的同意，并报乡（镇）人民政府和县级人民政府草原行政主管部门批准。

2004 年 12 月，全国人大常委会法工委编发《草原法释义》（法律出版社）。该书对第十三条中"确需适当调整"的释义如下：

本款所指的"确需适当调整"的情形，主要包括以下几个方面：①部分农户因自然灾害严重毁损承包草原的；

②部分农户的草原被征收或者用于乡村公共设施和公益事业建设，丧失草原的农户要求继续承包草原的；③人地矛盾突出的。关于人地矛盾突出的，一般是指因出生、婚嫁、户口迁移等原因导致人口变化比较大，新增人口比较多，而新增人口没有草原可以承包，又没有其他生活来源的，在这种情况下，允许在个别承包经营者之间适当进行调整。

由此可见，全国人大常委会法工委对《草原法》中"确需适当调整"的释义，与《农村土地承包法》中"适当调整"的释义是继续保持同一口径的。

4. 国务院法制办公室的解释

2009年9月，国务院法制办公室编发《农村土地承包法注解与配套》（中国法制出版社）。该书对第二十七条中"特殊情形"给出的"注解"如下：

这里的特殊情形，主要包括以下几个方面：①部分农户因自然灾害严重毁损承包地的；②部分农户的土地被征收或者用于乡村公共设施和公益事业建设，丧失土地的农户不愿意"农转非"，不要征地补偿等费用，要求继续承包土地的；③人地矛盾突出的。人地矛盾突出，一般是指因出生、婚嫁、户口迁移等原因导致人口变化比较大，新增人口比较多，而新增人口无地少地的情形比较严重，又没有其他生活来源，在这种情况下，允许在个别农户之间适当进行调整。本款规定的调整指的是"小调整"，是对个别农户之间承包的土地进行小范围适当调整，即将人口减少的农户家庭中的富余土地调整给人口增加的农户。

可以看出，国务院法制办公室的上述注解与全国人大常委会法工委的有关释义是一致的。

（二）全国人大农业与农村委员会对法律中"等特殊情形"不作解释、不愿响应

1. 全国人大农业与农村委员会办公室的释义

2002 年 9 月，全国人大农业与农村委员会编发《农村土地承包法释义与适用》（人民法院出版社）。本书由农业与农村委员会副主任委员柳随年任顾问，农业与农村委员会办公室副主任王宗非主编，农业与农村委员会法案室副主任王超英、处长何宝玉等参加编撰。该书对法律中"等特殊情形"的释义如下：

只有出现自然灾害等特殊情况，才允许按照规定进行个别调整；至于什么是特殊情况，必须严格依法解释，发包方不得随意自行解释。

可以看出，该释义强调指出"至于什么是特殊情况，必须严格依法解释，发包方不得随意自行解释"，但是该释义却并未对"等特殊情形"作出解释。

2. 全国人大农业与农村委员会法案室的释义

2002 年 9 月，全国人大农业与农村委员会法案室处

长何宝玉编发《农村土地承包法释义及实用指南》(中国民主法制出版社)。该书由全国人大农业与农村委员会副主任委员柳随年任顾问,农业与农村委员会办公室副主任王宗非、法案室副主任王超英等参加编撰。该书于2012年7月再版。书中对"等特殊情形"的释义如下:

只有出现自然灾害等特殊情况,才允许进行个别调整。什么是特殊情况,必须严格依法解释,不得随意自行解释。

该释义同样强调指出"什么是特殊情况,必须严格依法解释,不得随意自行解释",但是该释义却并未对"等特殊情形"作出解释,仍然采取了"避而不谈"的态度。

3. 全国人大农业与农村委员会法案室的问答

2002年9月,全国人大农业与农村委员会法案室副主任王超英编发《农村土地承包法实用问答》(中国法制出版社)。本书由农业与农村委员会办公室副主任王宗非、法案室处长何宝玉等参加编撰。该书对法律中"等特殊情形"的回答如下:

只有出现自然灾害严重毁损承包地等特殊情况,才允许按照规定进行个别调整。至于什么是特殊情况,必须严格依法作出解释,发包方不得随意自行解释。

本问答同样强调指出"至于什么是特殊情况,必须严格依法作出解释,发包方不得随意自行解释",但是本问答却并未对"等特殊情形"作出解释，仍然是"避而不谈"的态度。

4. 全国人大农业与农村委员会法案室副主任王超英的解释，对"三种特殊情形"给予了响应

2002 年 11 月，农业部编发《农村土地承包法培训讲义》（中国农业出版社）。该书由柳随年、陈耀邦任顾问，农业部副部长刘坚主编，全国人大农业与农村委员会办公室副主任王宗非、法案室副主任王超英等参加编撰。王超英在《切实保障农民的土地承包经营权》一讲中指出：

只有出现自然灾害严重毁损承包地等特殊情况，才允许按照规定进行个别调整。至于什么是特殊情况，必须严格依法做出解释，发包方不得随意自行解释。在九届全国人大常委会第二十八次会议上，全国人大法律委员会汇报《农村土地承包法（草案）》修改情况时，对于个别调整的情况提出，"实践中除自然灾害以外，还有承包地被依法征用占用、人口增减导致人地矛盾突出，适当调整个别农户之间承包地的情形"。

在上述讲义中，王超英对法律委员会提出的"三种特殊情形"给予了响应。这是笔者所涉猎到的文献中，农业与农村委员会有关负责人唯一一次对"三种特殊情形"给予的响应。

三、主要结论

从前面两部分梳理、分析的有关情况，可以得出两条基本结论：

第一，《农村土地承包法》的立法本意，"等特殊情形"指三类特殊情形。根据《农村土地承包法》的立法过程可知，法律草案一审稿中的"特殊情形"，到二审稿时修改为"等特殊情形"，三审稿、建议表决稿中也均为"等特殊情形"，审议通过并公布的《农村土地承包法》中确定为"等特殊情形"；法律委员会所作的说明中，"等特殊情形"是指自然灾害严重毁损承包地、承包土地被依法征用占用、人口增减导致人地矛盾突出这三类情形，在这"三类特殊情形"下，可以按照法定程序对承包地进行适当调整。上述法律草案和修改说明一并经全国人大常委会进行了审议，审议通过《农村土地承包法》时维持了这个重要修改意见。因此，《农村土地承包法》的立法本意，"等特殊情形"指三类特殊情形，这是确凿无疑的。

第二，《农村土地承包法》的法律解释，"等特殊情形"应解释为三类特殊情形。按照关于法律解释的法律规定，法律解释权归全国人大常委会。在全国人大常委会未公布农村土地承包法解释的情况下，相比较而言，全国人大常委会法工委的解释比全国人大农业与农村委员会的解释更具有权威性，因为法工委是全国人大常委会拟定法律解释草案的工作机构。而且，全国人大常委会法工委关于"等特殊情形"的解释，与全国人大法律委员会提请全国人大常委会审议的意见是一致的。因此，《农村土地承包法》中"等特殊情形"应解释为"三类特殊情形"，不应再存争议。

参考文献

农村土地承包法普法教材编委会（全国人大常委会法工委）.农村土地承包法问答及实施指南（主编赵向阳、副主编李文阁）[M].北京：中国农业出版社，2002年9月.

全国人大农业与农村委员会办公室.农村土地承包法释义与适用（顾问柳随年、主编王宗非）[M].北京：人民法院出版社，2002年9月.

全国人大农业与农村委员会法案室.农村土地承包法释义及实用指南（顾问柳随年、主编何宝玉）[M].北京：中国民主法制出版社，2002年9月；2012年7月再版.

全国人大农业与农村委员会法案室.农村土地承包法实用问答（主编王超英）[M].北京：中国法制出版社，2002年9月.

全国人大常委会法工委.农村土地承包法释义（主编胡康生）[M].北京：法律出版社，2002年11月.

农业部.农村土地承包法培训讲义（顾问柳随年、陈耀邦，主编刘坚）［M］.北京：中国农业出版社，2002 年 11 月.

柳随年.我在人大十年［M］.北京：中国民主法制出版社，2003 年 4 月.

全国人大常委会法工委.草原法释义（主编卞耀武）［M］.北京：法律出版社，2004 年 12 月.

国务院法制办公室.农村土地承包法注解与配套［M］.北京：中国法制出 8 版社，2009 年 9 月.

落实"长久不变"的思路与对策①

一、提出"长久不变"的意义

稳定农村土地承包关系有利于农田基础设施建设，有利于保护耕地产出能力，也有利于促进土地经营权长期稳定流转。因此，中央在政策上一贯强调要稳定土地承包关系，要保持土地承包关系长期稳定。

2008 年 10 月，党的十七届三中全会则明确提出"现有土地承包关系要保持稳定并长久不变"。2009 年以来，历年中央 1 号文件都重申了"长久不变"这一要求。可以说，土地承包关系"长久不变"是未来农村土地承包经营制度的核心，对于保障现代农业发展意义重大。

但是，如何实现"长久不变"，目前尚没有明确的路径。政府有关部门、学术界虽取得了一些研究成果，但总起来看，尚没有形成比较统一、比较可行的意见，如何落实"长久不变"仍是一个问号。

---

① 此文原载于《经济日报内参》、《三农中国》第 24 辑。

笔者对此坚持进行了多年不懈研究，近期终于找到了问题症结，理清了解决思路，明确了落实办法。

二、实现"长久不变"的前提

我国农村土地实行家庭承包经营已三十多年，家庭经营的制度优势得到比较充分的发挥；但同时，也还一直存在两个不容忽视的问题，一是承包地块的细碎化问题，二是难以制止的土地调整问题，可以说是"两大顽疾"。"两大顽疾"是实现土地承包关系"长久不变"难以逾越的"两个障碍"。

关于细碎化问题。我国农村人口多、户数多，户均承包经营土地面积狭小，属超小规模、典型的小农经济。加之 20 世纪 80 年代初推行家庭承包制的时候，为了追求公平，绝大多数地方都是按照地块远近、土壤肥瘦、旱地水田等多种因素分别分田到户，造成承包地块过于细碎。杜润生先生多次讲到，由于家庭承包推行得比较快，没能在政策上引导各地避免承包地细碎化问题，这是 80 年代开展家庭承包工作留下的一大遗憾。目前，户均承包土地面积约 7.5 亩、块数约 5.7 块，块均面积 1.3 亩。这是现有土地承包关系中的一个突出问题，这样的细碎化现状不宜长久不变。小规模经营难以改变，细碎化经营也难以改变吗？

关于土地调整问题。从二轮承包以来的情况看，"增人不增地，减人不减地"政策，对于多数农民来说不易理解、不易接受。"增人增地、减人减地"仍是群众普遍认为天经地义的道理。因此，在一些地方一年一小调、几年一大调仍然存在，难以制止。这是因为，干部往往就理论出政策，而群众则往往就实际讲政策，管不了你理论那一套。群众不能真心接受的政策，落实起来就很难。

实行"长久不变"，需以清除"两个障碍"为前提。如果"两个障碍"不清除，"长久不变"就落实不好，甚至落实不了。

三、落实"长久不变"的思路

在清除"两个障碍"的基础上，采取相应政策措施，使"土地承包关系保持稳定并长久不变"妥善落实。从涵义上看，"长久不变"是对"保持稳定"的进一步强调和强化，是"保持稳定"的承继与发展。"长久"即"更长期"，"不变"即"更稳定"，"长久不变"即"更加长期稳定"。因此，较之于二轮承包的"长期稳定"，下一步"长久不变"应有更长的承包期，且承包期内不得调整土地承包关系，这是落实"长久不变"的关键所在。

关于清除"两个障碍"。首先，坚持实事求是的原则，解决细碎化问题。1993 年的中共中央 11 号文件在提出

"在原定的耕地承包期到期之后，再延长三十年不变"政策时，就明确规定："少数第二、第三产业比较发达，大部分劳动力转向非农产业并有稳定收入的地方，可以从实际出发，尊重农民的意愿，对承包土地作必要的调整"。历史经验可资借鉴。在实施土地三轮承包（2028 年左右）之前，为妥善解决承包地块细碎化问题，应在政策上明确"允许承包土地过于细碎的地方作必要的调整"。其次，按照追根溯源的办法，解决土地调整问题。下文逐步论述。

关于承包期更长一些。二轮承包期三十年，受到各方面普遍认可，认为这是一个比较合宜的土地承包经营期限。其作用有两个方面，一是承包经营期限较长，给农户进行生产经营吃了一颗"定心丸"；二是承包经营期限又不算太长，经济社会经过三十年的发展会有相当程度的变化，特别是伴随城镇化进程大量农村人口转移到城市，三十年承包期到期后，可以促进已具备条件的迁移农户"离土"，这样有利于务农农户扩大土地承包经营规模。从这两个方面考虑，实行"长久不变"，土地承包经营期限也不宜过长。建议仍以三十年为承包期；或者稍长一些，以四十年或五十年为承包期。

关于不得调整承包地。这是一项非常难以落实到位的政策。群众普遍认为，添了人口，就应该给地，即"补地"；减了人口，就应该割地，即"抽地"。这是农民群众朴素的、固有的思想，在较大程度上是合理的。而政策上

之所以认为调地不合理，一是因为调地成本高，二是因为不利于稳定生产经营预期。实际问题与上头政策相比较，农民更看重实际，政策缺乏说服力和约束力。"增人不增地，减人不减地"，是农民群众不能普遍真心接受的政策，落实起来就会很难。对此，可以通过改革完善"按户承包"制度来有效解决。

四、改进"按户承包"的缘由

基于上述，提出改进"按户承包"制度的缘由有三：

其一，现有"按户承包"不严格。 我国农村改革后，实行"按户承包"的家庭承包经营制度。家庭经营符合农业生产的特点和要求，具有很大的制度优势和旺盛的生命力。但是，土地"按户承包"往往仅是形式上的，而实际是"按人算地、按户经营"。也就是说，同样是一个农户，因人口多少不同，其承包地多少也不同。比如，二轮承包的时候，同门同户的兄弟二人已各自成家立户，年长者已有一个孩子、年轻者还没有孩子，两户分到的地是不一样的，前者分到三个人的地、后者仅分到两个人的地。显然，这不是严格意义上的"按户承包"。

其二，"增人增地、减人减地"有合理性。 政策上之所以提倡"增人不增地，减人不减地"，是缘于土地调整的成本高，不利于稳定农户对土地的生产经营预期；而并非缘于"增人增地、减人减地"思想本身具有不合理性。这是一种典型的"治理错位"。试想,如果调地的成本是很低的、也基本不影响生产经营预期,那么可不可以调地呢?如此,则难以再否定调地的思维。

其三,"按户承包"的土地权属可以明晰到人。户均承包地块约 6 块,而户均人口约为 4 人。也就是说,人均 1.5 块,即一个人可以有 1 块地或 2 块地。试想,如果每户的 6 块地可以平等而不需要切割地分配给 4 名家庭成员,有的成员有 1 块地,有的成员有 2 块地,但成员之间的地是均衡的;这样的土地权属关系,退地、补地的成本则很低。土地承包权属具体到人,符合明晰产权的要求,将带来明显的制度优势。

缘于以上三点,建议开展"按人承包、按户经营"改革试点。

五、实行"按人承包"的办法

实行"按人承包"的基本思路是:按人包地,按户选地,按户经营。

关于按人包地。一个组(或村)按人(集体经济组织成员)承包土地。每人都给预置一份地,每一份地的块数尽量少(最好为 1 块)。预置每一份地所遵循的主要原则是效益均等,即综合考虑地块远近、土壤肥瘦、生产条件、产量高低、补贴多少等因素，使每一份地所产生的经济效益相当。

关于按户选地。对于每一个农户，其家庭成员的地块应连片选，实现"一人一小块、块块相连"，实际效果是"一户一大块"。先选地的农户应避免造成后选地的农户地块分散。具体选地办法以示例说明如下：

假设一个组共有 90 户、350 人参加包地。

把全组耕地预设为 350 份，每一份设置一个标号，如地 1、地 2、地 3……依次类推，至地 348、地 349、地 350。

90 户户主进行抓阄，阄号为户 1、户 2、户 3，依次类推，至户 88、户 89、户 90。

抓到"户 1"的农户先选地，如果有 3 口人，则选地 1、地 2、地 3；如果有 4 口人，则选地 1、地 2、地 3、地 4；如此类推。

假设"户 1"有 3 口人，选了 3 份地。

抓到"户 2"的农户接着选地，如果有 3 口人，则选地 4、地 5、地 6；如果有 4 口人，则选地 4、地 5、地 6、地 7；如此类推。

其余农户依次类推。

按照这个办法，绝大多数农户可以承包到一大块地。

关于按户经营。农户家庭仍是生产经营基本单位，按照家庭决策进行种植和经营管理。这是农户经济的自然规律。

按照上述办法改革后，实行"按人承包、按户经营"，可以彻底解决前述"两大顽疾"，其制度优势非常显著。一是"按人包地"，土地承包权属明晰到人。每一轮承包仍设定一定的承包期，承包期内"人在地在、长久承包"，"人去地退、新人接地"。可以彻底解决以往的土地调整问题，最大程度地实现"耕者有其田"。对于什么情况应退地、什么条件可接地，可以按照中央有关精神作出相应的明确规定。二是"按户选地"，达到"一户一大块"的效果。可以彻底解决以往的地块细碎化问题，有利于促进适度规模经营。三是"按户经营"，保持家庭经营基本模式。延续家庭经营的制度优势和旺盛的生命力。

关于湖北沙洋在确权登记工作中推行"按户连片"耕种的调研报告^①

　　湖北省沙洋县在确权登记工作中推行"按户连片"耕种的做法受到社会舆论关注，我们深入当地开展了专题调查研究。调研组在三坪村、鄂冢村、马新村、童沙村等实地了解情况，并多次召开座谈会进行交流探讨。总体看，沙洋县抓住确权登记时机，大力推行"按户连片"耕种模式，已完成连片耕种 85.3 万亩、占全县耕地的 89.6％，大大方便了农民耕作，农业生产成本约降低二至三成，深受农民群众拥护和支持。有关情况报告如下：

一、主要做法和进展情况

　　沙洋县位于江汉平原西北腹地，属丘陵平原地带。1998 年 12 月，沙洋撤区设县，耕地面积 95.3 万亩，承包

------

　　① 此文原载于《农村经营管理》2016 年第 1 期。调研组共四位同志，本书作者为报告执笔人。

农户 12.4 万户，户均耕地 7.7 亩。过去，由于按照距离远近、土质肥瘦、水源好坏等因素平均分配土地，使承包地块分散化、碎片化，全县耕地块数达 107.7 万块，户均 8.7 块，每块地约 0.88 亩。随着农村生产力水平的逐步提高，土地"细碎化"的弊端日益显现。早在 1997 年二轮延包后，特别是在 2002 年左右，为进一步完善土地承包关系，沙洋县农民就自发探索实践"按户连片"耕种模式。近年来，县委县政府从实际出发，对农民意愿和呼声及耕地状况进行了多次调研，在试点基础上，利用土地承包权确权登记的时机在全县推行连片耕种，目前已取得阶段性的成效。

（一）完善二轮承包工作期间，三坪村成功探索实践"按户连片"模式

90 年代末，沙洋县进行农村土地二轮承包工作，按照中央政策主要采取延包方式。毛李镇三坪村抢抓时机，积极探索实践按户连片耕种。一是宣传发动。税费改革前，由于耕地细碎化，费用支出较重，群众意见较大，村干部充分吸收群众意见，对全村 230 户进行动员，做到宣传发动全覆盖，群众达成共识，所有农户都签订了土地按户连片耕种的协议。二是打好基础。1998—2000 年，"村两委"组织村组干部、党员代表、村民代表到官垱镇双塚村、后港镇安坪村等地取经学习，并集中力量实施公用设

施建设，解决用水、用电问题，为归并集中、连片承包奠定基础。三是集中民意。1999年制定初步方案后，召开群众会议近100次，挨家挨户征求意见，共收集到涉及面积划分、水源灌溉等意见建议1000多条。2002年形成了实施方案，全村6个组都制定了具体实施办法。各组按照土质好坏、位置远近、水源条件等把组内土地划为若干片（1组四片、2组五片、3组九片、4组五片、5组五片、6组四片），对相对较差的片区采取土地面积折算的办法。划片前，全村共修通3米宽的机耕道59条，总长近20公里。在电力部门大力支持下，给每个片区架通了电路。四是分组实施。2002年秋，6个组分别完成土地丈量工作，对每块地编制地名、确定面积后汇编成册，对抗旱设备使用等一系列问题形成决议。通过抓阄的方式确定各户承包地位置，之后按照应承包面积（按照户籍人口计算）确定具体地块界限。抓到承包地位置编号后有不如意的，农户间可于当天自行协商交换。各户签字确认后，办理土地承包经营权证。大多数农户实现了"一户一片田"，大大方便了耕种。

（二）开展确权登记工作后，全县安排三个村进行"按户连片"试点

沙洋县确权登记试点工作自2014年4月底开始。试点工作中发现了三坪村的典型做法，感到具有潜在的示范

效应。在深度调研后形成《承包经营土地按户归并集中
——沙洋县毛李镇三坪村调查报告》,对于全县确权登记
工作具有重要引导意义,湖北省政府办公厅《政府调研》
和《三农研究》向全省作了推介。沙洋县委、县政府决
定,于8月下旬开始结合确权登记工作推行"按户连片"
耕种,选择官垱镇鄂冢村、拾桥镇马新村、马良镇童沙村
作为试点村。三个村分别因地制宜、以组为单位实行土地
"按户连片",得到了群众的积极拥护。到9月底,三个试
点村均顺利完成连片试点,受到各方面一致好评,全县上
下初步形成了推行"按户连片"耕种的良好环境和氛围。

　　鄂冢村有6个村民小组。由于村民对征地的预期值很
高,特别是承包地处于公路沿线的农户,他们认为将来被
征地、获得征地补偿的可能性很大,他们期望承包地被征
从而获得可观的补偿费,所以不愿放弃自家承包地的承包
权。该村干部群众从这个实际情况出发,选择了"各户承
包地承包权不变、通过交换经营权实现连片耕作"的办
法。交换经营权的大致做法是:如果哪个农户家有比较大
的地块,即保留这个地块的经营权,并以这个地块为起
始,通过协商把临近这个大地块的几个小地块的经营权交
换到自家来,从而实现连片耕作。全村共完成"按户连
片"面积1989亩,连片率94.7%。村支书严永中告诉我
们,"这个做法很公平,但太繁琐,村干部工作量大。各
户的经营权和承包权不一致了,使承包经营关系变复杂

了。还是重新分地的办法好，但是地段好的农民不同意，我们做不下工作来，如果政策上统一要求重新分地、按户连片就好了。"马新村有 15 个村民小组。其中，第 4、7、9、14 四个组采取"重新分地、面积不变"的办法（其实质是集体统一组织进行"承包经营权交换"），其他 11 个组采取"农户间协商、交换承包地"的办法。交换承包地的大致做法，类似上述交换经营权的做法，即以原有较大的地块作为基础，通过协商把临近的小地块交换到自家来。全村完成按户连片耕种面积 6095 亩，连片率 96.0％。童沙村有 12 个村民小组。其中，第 7、8、9、12 四个组采取"重新分地、面积改变（即增人增地、减人减地）"的办法，其他八个组采取"农户间协商、交换承包地"的办法。全村完成按户连片耕种面积 4817 亩，连片率 99.2％；全村农户中实现"一户一片田"的约占 40％，"一户两片田"的约占 60％。村支书张家武坦诚地说，"有四个组重新分了地，这突破了《土地承包法》规定，但是群众都是同意的，作为试点是成功的。"

（三）在试点经验基础上，2015 年在全县推行"按户连片"耕种

三个典型村试点成功后，沙洋县形成了《沙洋县首开全省先河结合土地确权试点优化分散经营的调查报告》和《按户划片耕种——解决土地"碎片化"经营的有效实践》

两篇调研报告。省、市领导给予充分肯定，媒体舆论积极
宣传推介。特别是，省委书记李鸿忠于 11 月、12 月两次
对沙洋县的调研报告作出批示。按照省、市领导的批示精
神，积极响应老百姓的期盼，沙洋县决定 2015 年在全县
范围内全面推行"按户连片（自选动作）＋确权登记（规
定动作）"工作，以彻底解决土地分散化、碎片化问题。
一是加强宣传培训，做到"三个知晓"。首先，让领导干
部全知晓。5 月底，沙洋县召开了县、镇、村三级干部参
加的土地确权登记工作动员大会，县"四大家"领导全体
出席，拉开了全县推行"按户连片"耕种工作的序幕。县
委理论中心组召开扩大会议，专题学习推广"按户连片"
耕作工作的有关精神和部署。其次，让镇村干部全知晓。
各镇逐级召开"按户连片"工作培训会 320 次，共培训
13177 人次。各镇组织村干部、村民代表到三坪村、鄂家
村现场观摩学习。第三，让农民群众全知晓。通过电视字
幕飞播等多种方式，广泛宣传"按户连片"耕种的好处。
全县通过手机报发送"按户连片"宣传短信 7.8 万人次，
悬挂宣传标语 1445 条，发放《连片耕种颂》13 万份，回
收有效《按户连片耕种征求意见表》13 万份。做到了宣
传动员全覆盖，形成了连片耕种的氛围。二是加强组织领
导，突出"四个到位"。首先，工作组织到位。成立了由
县委书记揭建平任组长、县长谢继先任第一副组长，县直
21 个相关部门主要负责人为成员的确权登记工作领导小

组，副县长杨宏银兼任领导小组办公室主任。镇、村两级相应成立工作班子。其次，工作方案到位。根据中央、省、市文件精神，结合沙洋县实际情况，想农民之所想、急农民之所急，科学合理制定了全县结合确权登记推行"按户连片"耕种的工作方案。镇、村、组三级相应制定具体实施方案。第三，工作经费到位。沙洋县确权工作共需经费 3856 万元，除中央、省两级财政补助外，从县级财政经费中列支 1261 万元全力支持确权工作。第四，工作督导到位。从县确权登记领导小组成员单位抽调 8 名业务骨干成立确权专职班子，负责确权登记和"按户连片"工作的协调与督办。下乡督办不打招呼、不定时间，直接进村入户。每周召开一次督办例会，截至 10 月底已召开 21 次，及时督办、协调解决进展中的有关问题。

目前，沙洋县已完成按户连片耕地面积 85.3 万亩，总体连片率已达 89.6%。其中，采取"各户承包权不变、农户间协商交换经营权"模式的土地面积约 75.9 万亩，占连片耕种总面积的 89%；采取"农户间协商交换承包经营权"模式的连片面积约 6.8 万亩，占 8%；采取"土地重分"（一般面积不变）模式连片面积约 2.6 万亩，占 3%。总体看，沙洋县积极推进农村土地承包经营权确权登记颁证工作（规定动作），并整县推行"按户连片"耕种（自选动作），使农户耕种的土地连成一片、最多不超过两片，大大方便了耕作，深受农民群众拥护和好评。

9月上旬，《人民日报》、《财经国家周刊》（新华社主办）刊发沙洋县按户连片耕种经验。10月中旬，《经济要参》（国务院发展研究中心主办）、《农民日报》将沙洋县"按户连片＋确权登记"经验归纳总结为湖北土地确权的"沙洋模式"。

二、主要成效和模式分析

（一）按户连片耕种模式的成效

通过推行"按户连片"，最大限度地实现农户耕种"去碎片化"，使农业生产成本降低约二至三成，家庭经营模式在现有条件下得到了明显优化。一是化解了务农劳动"累"的困境。留守农村务农的大多是上了年纪的老人，在耕种地块分散、零碎的情况下，农活的劳动强度是很大的。"按户连片"后，可以大幅度提高机械化作业率，农活劳动强度大的困境迎刃而解。太山村第10组村民李富才说，他家有12亩田，过去分散在8个地方、共20多块，耕种很不不便，特别是农忙季节忙得团团转，既费神又费力；今年（2015年）按户连片以后，面积不变，耕种则方便得很了，感受是实实在在的。二是化解了分散流转"差"的困境。过去由于地块分散，往往造成一个农户家里有的地块流转出去了，有的地块没转出去、还得自己种的情况。转入方想流转土地，由于涉及多家的地块，需要跟众多的农户协商，明显增加了交易成本。各家各户的土地连片后，再遇到土地流转就简便多了。从前分散、细碎的土地不仅难以流转，而且流转价格只有 400 元左右；连片后，便于耕种、便于流转，土地流转价格上升到每亩700 元左右。三是化解了公共设施"乱"的困境。农户都希望能修建机耕道便于机械下田，但过去往往因为土地难协调而搁置。2014 年，鄂冢村借助"按户连片"试点的契机，多渠道筹集资金，修建机耕道 16 条、总长达 5 公里。按户连片后，水、电的管理和使用明显改善，减少了浪费和矛盾纠纷。鄂冢村村民张功才说，现在"一个水泵、一根水管、一根电线"就解决了过去的用水用电难题。四是化解了种田成本"高"的困境。过去由于地块插花，农户到田间整地、施肥、插秧、浇水、收割等生产活动，一般需要经过其他农户的地块或田埂，往往形成制约因素。田块太散、太小，收割机难以去小地块收割，只能请人帮忙，但人难请、费用高，而且劳动时间长；连片后，收割机可以大小田一起作业，且收割费用由每亩 120元降到 100 元。太山村李富才说，"原来要两个水泵、200米水管，现在只用一个水泵 50 米水管就行了。原来整田需要 5 天，现在只需 2 天；过去插秧要 3 天，现在只需 1天；过去打药需要 3 天，现在只用半天！"五是化解了统一耕作"难"的困境。过去由于同一片区农户种植的品种不一致、成熟期不一致，病虫害发病情况也不一致，阻碍了统防统治等社会化服务的推进；连片后，具备了开展社会化服务的基础条件，问题随之化解。以前由于土地分散、细碎，推广"稻虾共生"等高效种养模式存在较大难度；按户连片后，便于土地流转和管理协调，相邻的农户可以联合共建防逃等公共设施，从而实现产业结构调整升级。

（二）按户连片耕作模式的主要经验

沙洋县"按户连片＋确权登记"工作进展顺利，取得了可喜的效果，这主要得益于"顺应民意、科学推动、形成合力"。一是合乎实际、顺应民意。沙洋县"按户连片"耕作源于农民自发的探索实践，是农民群众的所需所愿，也是政府抓住时机、应势推动的结果。曾集镇太山村支书范诗文创作了打油诗《连片耕种颂》，纪山镇副镇长李俊进行了完善，"分散种田弊端大，旱涝灾害有得法。东一块来西一块，半天巡田管不来。整田施肥和收割，哪样都得人肩驮。连片耕种就是好，泾渭分明没计较。田好管来水好调，机械作业效率高。忙月过得挺逍遥，连年丰收喜眉梢。"二是试点先行、科学推动。县委县政府领导班子初步形成"按户连片＋确权登记"工作思路后，先于2014 年选择三个典型村开展试点并取得成功，再于 2015年在全县推开并取得阶段性显著成果，做到了既不盲目推行、又不错过时机，这体现了县领导班子执政为民、抢抓机遇、科学发展的优良作风。三是领导挂帅、形成合力。县委书记、县长亲自挂帅，县"四大班子"全力支持，各级党政领导抓住机遇、主动作为，在确权登记和按户连片工作中心系百姓、勇于担当，有力地推动了工作，深受干部群众好评。许许多多的工作人员都认识到"按户连片"是为民办实事、办大事、办好事的难得机遇，集中精力、不辞辛苦，认真扎实地做好各项具体工作。"干部多吃一份苦，农民少流一滴汗"，这是沙洋县各级干部的共识。

杨宏银副县长说，"按户连片"耕作模式既是农民的自发探索，又是政府的引导推广，是诱致性制度变迁（群众探索）与强制性制度变迁（政府推行）的完美结合，从而使"按户连片"在全县遍地开花结果，取得了意想不到的效果。

（三）按户连片模式利弊分析

第一种模式，"各户承包权不变、农户间协商交换经营权"，这种模式充分利用和体现了"三权分置"理论，是应用最为广泛的一种模式。其利是，可以保留原承包户对土地的承包权，保障在被征地时获得预期补偿，减少因征地引发利益纠纷；其弊是，承包权与经营权分离后，各家各户的承包地与耕种地不一致，使土地承包经营关系更为复杂，且农户间协商互换经营权的程序比较繁琐。以鄂家村为例，有的农户换一两次，多的则需换五六次，全村共换了 1000 多次，每换一次就得签一份合同。第二种模式，"农户间协商交换承包经营权"，一般发生在有个别农户不同意"换地"、不同意"重新分地"的村组。其利是，实现承包权、经营权的一并交换，即经营权人与承包权人保持一致，土地承包经营关系比较清晰；其弊是，农户间协商互换承包经营权的程序比较繁琐。第三种模式，"土地重分"，发生在全体农户同意"按户连片"的村组，各户土地面积一般不变。其利是，相对于前两种模式来说操作程序较为简便，连片效果更佳；其弊是，实施中必须得到全体农户同意，不然容易留下纠纷矛盾和上访隐患，特别是"增人增地、减人减地"的土地重分不符合中央农村土地承包政策，风险较大。

关于涉及征地补偿办法问题。我们入村调研的第一站是鄂冢村，该村"各户承包权不变、农户间协商交换经营权"的做法让我们感到很新鲜，这么繁琐的交换程序，农民群众竟然实实在在就这么做了；同时也有一些不解，一个村民小组内的土地，竟然还分不同地段？将来被征的可能性越大，这样的承包地就越成为"香饽饽"，其原因究竟是什么？后来听杨宏银副县长、陈春生局长介绍，得知全县"按户连片"耕种面积中绝大多数都是采取的在村组内"各户承包权不变、农户间协商交换经营权"做法。据介绍，城郊耕地被征地后一般每亩补偿 3.8 万元左右，位置偏远的耕地补偿费则仅为 2 万元左右。补偿费的分配办法是，其中 30％补给集体，70％补给农户。补给农户的部分主要由原承包户享有，仅以地面青苗费形式补偿经营权人。以每亩征地补偿标准为 3.0 万元测算，承包户可以获得约 2.0 万元的补偿收入，农民认为这是一笔可观、划算的收入。正是这样的征地补偿预期，使小组内处于优势位置（比如靠近公路，征地可能性大）地块的承包户不愿意交换承包权。

三、有关建议

沙洋县紧紧抓住农村土地确权登记这个重要机遇，举全县之力解决阻碍现代农业发展的土地细碎化问题，取得了显著的经济效益和社会效益。全县各级干部特别是县领导班子的责任意识、决策水平和工作精神，都值得给予高度肯定。结合沙洋县的经验和全国农村土地承包经营权确权登记工作开展情况，提出以下政策建议：

（一）明确鼓励解决土地细碎化的相关政策

我国农村承包土地细碎化问题普遍存在。2013 年中央 1 号文件明确提出，"结合农田基本建设，鼓励农民采取互利互换方式，解决承包地块细碎化问题。"《农村土地承包法》第四十条也规定，"承包方之间为方便耕种或者各自需要，可以对属于同一集体经济组织的土地的土地承包经营权进行互换。"借鉴沙洋县经验，如果抓住承包地确权登记的机遇，在各地普遍引导鼓励实施"按户连片"耕作，对于解决承包地细碎化问题、降低农业生产成本、加快发展现代农业，无疑具有重大的现实意义。建议在有关文件中提出相应的政策：鼓励有条件的地方，在充分尊重农民意愿和做好土地确权登记工作的前提下，探索开展互换并地、连片耕种的方法，引导农民通过自愿互换承包地解决地块细碎化问题。

（二）进一步宣传按户连片耕种模式好经验好做法

沙洋县推行"按户连片"耕种的三种模式各有利弊，但总的趋势是着力解决土地细碎化问题，促进适度规模经营，加快发展现代农业。建议通过编发简报、媒体宣传等形式将"沙洋模式"中的好做法及时推广到适宜地区、适宜村组，指导各地探索做好"按户连片＋确权登记"工作，既有效解决农村承包地细碎化问题，又高效开展农村土地确权登记颁证工作。

附录1： 调研访谈情况

农村土地承包制度调研访谈图片

农村土地承包制度调研访谈情况

（山东、河北，2015 年 4 月）

清明节期间，笔者随机访谈了 10 个村的土地承包情况。

1. 山东省 QH 县 ZA 镇 XG 村

全村仅有 130 亩地，有 400 多人，人均仅 3 分地。

土地承包由村负责。

1998 年二轮承包的时候，进行了土地大调整。之后至今，未再调整过。增加了人口的农户有意见。

每户一般 1 块地。

对于新增人口，政策上不让调地，就不调。等三轮承包的时候，拟再次进行土地大调整。

访谈对象情况： 女，55 岁左右。夫妇、儿子儿媳、孙子共 5 人在地里，正在撒化肥、浇水。该户共 7 口人，有 1 块地、2 亩多，地块长约 90 多米、宽约 15 米。

2. 山东省 QH 县 JM 镇 WL 村

土地承包由村负责。人均 1.8 亩地。

二轮承包以来，每年 1 次小调整，每 6 年 1 次大调整。2014 年进行了 1 次大调整。群众比较认可这种调地办法。

目前，多数农户有 1 块地，部分农户有 2 块地（1 大块好地、1 小块孬地）。

访谈对象情况： 女，50 多岁。在田里拔草（之前打的除草剂效果不好）。该户共 5 口人，有 4 口人的地（其丈夫已转为非农业户口）。2014 年之前有 3 块地。2014 年大调整后，有 2 块地、7 亩多，1 块 6 亩多（好地）、1 块 1 亩多（孬地）。好地地块长约 90 多米、宽约 40 多米。

3. 山东省 QH 县 LQ 镇 LV 村

二轮承包以来，每年 1 次小调整，每 3 年 1 次大调整。

目前，多数农户有 1 块地，部分农户有 2 块地（1 大块好地、1 小块孬地）。

访谈对象情况： 女，近 30 岁。该户共 7 口人，有 12.6 亩地，1 整块地，地块长约 320 米、宽 26 米多。

4. 山东省 QH 县 LQ 镇 HV 社区 WV 村

土地承包由村负责。

二轮承包以来，实行五年一次大调整、一年一次小调整。主要有两个原因，一是调地比较容易、成本不大，二是追求公平、不能没地种。

目前，全村 550 亩地，有 300 多人，人均 1.8 亩地。

每户一般 1 块地，有的 2 块。

2014 年已完成确权。但当年秋收后又进行了土地大调整！认为确权颁证没什么用。

访谈对象情况： 男，60 岁。家里 6 口人，即母亲、夫妇、儿子儿媳、孙女，四代同堂。有 2 块地，1 块近 10 亩、好地，1 块 2.4 亩、洼地。

他说，"五年一大调，一年一小调。有了户口就给地。现在超生的少。"

"有的地块有坟头，坟头面积及坟头周围约 1 分地不计作耕地面积。农户耕地里有别人家的坟头也没关系，每年上坟次数是有限的。"

他说，"如果每家只给 1 块地，是可以的，洼地只是个别年头受灾，分地多给点就可以了。"如果把他家的 10 亩好地换作 12 亩洼地，完全可以；加上现有的 2.4 亩洼地，合计 14 亩多。这样的话，14 亩地可以再划分为 6 块，明确到每个人。他认为这个办法（明确到人）不错。

不远处，有他的 10 个大棚！每个 3 亩多，共占地 40 亩。土地年租金 1000 元/亩。雇工 10 多人。大棚年收益在 10 万元以上。

5. 河北省高唐县 VQ 村

该村自一轮承包以来，从未再调整过土地。

访谈对象情况： 男，近 40 岁。

他家有 3 块地，已 30 多年，从未动过。

6. 河北省定州市号头庄回族乡 DMT 村

全村 3000 多人，不分组。

一轮承包以来从未调过地。

访谈对象情况： 男，42 岁。

有 7 口人的地，9 亩多，是 1 块地，地块长约 250 米、宽约 24 米。全种菜。

7. 河北省定州市号头庄回族乡 XMT 村

全村 5000 多人。

二轮承包前，分为 22 个队（组）。现在已不分组。

1997 年二轮承包进行了大调整，以后没再调过。

访谈对象情况： 夫妇二人，均约 60 岁。

有 1 整块地，5 亩。

8. 河北省安新县安州镇 MV 村

全村 2000 多人，2000 多亩地。

分 7 个队。

1998 年二轮承包时进行了调整，之后没有再调过地。

当地各村一般有机动地，采取发包经营方式。

访谈对象情况： 男，50 岁。

有 4 人的地，4 亩。是 1 块地，地块长约 240 米、宽约 11 米。

9. 河北省安新县 XWY 村

1998 年二轮承包时进行了调整，之后没有再调过地。

访谈对象情况： 男，40多岁。

有6人的地，共15亩，是1块地。

10. 河北省容城县 HB 村

1998年二轮承包时进行了调整，之后没有再调过地。

人均近0.9亩地。

访谈对象情况： 男，25岁。

有5人的地，共4亩多，是1块地。

农村土地承包制度调研访谈情况

（辽宁、河北，2015 年 5 月）

为了解农民对农村土地承包制度的真实感受和意见建议，五一节期间，笔者在辽宁省台安县、辽中县和河北省玉田县深入田间地头，与正在劳动的农民面对面沟通，共随机访谈了 13 个村的情况。

1. 辽宁省台安县桓洞镇 AJ 村

该村人均近 5 亩地。土地承包由小组负责。

一轮承包期内，三年一小调。

二轮承包时，也进行了小调整。二轮承包期内，没再调过地。

目前尚未确权。认为确权可能比较复杂，村里尚未开展。

访谈对象情况： 男，39 岁。

家里 4 口人，3 口人（夫妇、女儿）有地，1 口人（儿子）没有分到地。有 3 块地，好、中、差各 1 块。目前，地类之间已区别不大。

他认为他弟弟家更吃亏，两个孩子都没有赶上分地。

他说，"村里曾商议过进行土地大调整，使每户 1 块地。但是一直没有实施。"

2. 辽宁省台安县台安镇 TJ 村

该村人均 4.5 亩地。土地承包由小组负责。

二轮承包时进行了大调整。之后，2004 年进行过一次小调整。

目前尚未确权。认为确权比较复杂，不知是否需要进行土地调整。

访谈对象情况： 男，48 岁。

家里 3 口人，二轮承包时都分到了地。有 5 块地，比较细碎。目前，地类之间已区别不大。

他说，"村里有的小孩十几岁了都没有地。要是一人一块地，老人去世了能把地退出来，这样的办法挺好!"

3. 辽宁省台安县西佛镇 CW 村

该村人均 3 亩地。

二轮承包期内没有调过地。

访谈对象情况： 女，50 多岁。在地里检查玉米出苗情况。

家里 4 口人，12 亩地。有 3 块地，好、中、差各 1 块。目前，地类之间已基本没有差别了。

她强烈要求："死了的要抽地!"

4. 辽宁省台安县西佛镇 JH 村

该村人均 3 亩地。土地承包由小组负责。

二轮承包时进行了大调整，打乱重分。以后基本没再调地。

访谈对象情况： 女，约 65 岁。带着孙子在地里查看玉米出苗情况。

家里有 8.4 亩地，是 2 块地。

她认为现在的"增人不增地、减人不减地"政策不合理，"孙子出生时不巧没能赶上分地，现在都 14 岁了。""再过 15 年，这孩子都 29 了！也不知道到时能不能给地。"她抱怨说："有的便宜了一大块，有的亏得不行。"

5. 辽宁省辽中县六间房镇 ML 村

该村人均 1.9 亩地。

二轮承包期内没有调过地，"增不增，减不减"。

原来分为好、中、差三类地，现在已基本没有差别了。

访谈对象情况： 男，约 50 岁。在地里检查玉米出苗情况。

家里有 11.4 亩地。共 4 块地，3 块旱地、1 块水田。地块比较细碎，"大型收割机用不了。"

他说："十几岁的孩子没有地。""三十年期满肯定要打乱重分！"

6. 辽宁省辽中县辽中镇 XBN 村

该村人均 2.9 亩地。承包地所有权归小组，但现在已经没有组干部了。

二轮承包期内没有调过地。

原来分为一、二、三、四共四类地，现在已基本没有差别了。

尚未确权。

访谈对象情况： 女，约 50 岁。在地里检查玉米出苗情况。

家里有 8.7 亩地。四类地各 1 块。三类、四类 2 个地块很小，已流转出去。

现在家里 4 口人，即夫妇、儿子儿媳。儿媳的地在娘家（黑龙江省）。

她现在一个顾虑就是，儿子儿媳有了小孩会没有地。

7. 辽宁省辽中县冷子堡镇 GLF 村

2004 年，该村进行了一次大调整。实行一家 1 块地，遇到不好的地多给分点儿。

分地的时候，按照人头预置地块，1 人 1 块地，用木桩在四个角点楔入。选地的时候，一家有 4 口人的选 4 块地，有 3 口人的选 3 块地。

地分好后，只保留一家的那一大块地的四个角点的木桩；其他的木桩随后就拿掉了！给每个人的地块的四个木桩，只是用来分地！他们没有想着用来"退地—接地"！可惜可惜！

之后没再调过地。

访谈对象情况： 夫妇，约 50 岁。在稻田里浇水，为机械插秧做准备。

家里 3 口人，儿子快结婚了。有 9.8 亩地，是 1 大块地（当年分地的时候其实是 3 小块，1 人 1 块）。

妻子说："五年分一次地比较合理。"

丈夫说："分地、不分地，各有各的利弊。"

8. 辽宁省辽中县冷子堡镇 LH 村

村里共 8 个小组，但地已打乱。

1998 年，本应该进行二轮承包，该村却把承包地都收回，由集体划片、招标发包经营！

直到 2004 年，才纠正了上述做法，重新把地分到各户。实行一家 1 块地，遇到不好的地多给分点儿。

分地的时候，按照人头预置地块，1 人 1 块地。采取"切豆腐"的方式分地，给每个人预先"切 1 块豆腐"，"下刀"的地方用两个点记录，具体做法是打两个眼儿、灌入白灰。

选地的时候，一家有 4 口人的选 4 块地，有 3 口人的选 3 块地。

地分好后，只保留一家的那一大块地的四个角点的位置；用于标记每个小地块的四至、灌入白灰的地方，后来被深翻，就找不到了！也就是说，给每个人划的地块界限上打的四个灌灰点儿，只是用来分地！他们没有想着用来"退地—接地"！可惜可惜！

1998 年之后，没再调过地。

访谈对象情况： 男，64 岁。是个种地的老把式。

9. 辽宁省辽中县冷子堡镇 VX 村

1997 年二轮承包后，每 1～2 年进行一次小调整。

2005 年进行了一次大调整。每家 2 块地，1 块旱地、1 块水田。之后，用机动地进行微调。

访谈对象情况： 七八位中青年农民。

玉米已播种，太旱，只好请人进行喷灌。

10. 辽宁省辽中县养士堡镇 YQ 村

该村减人减地（当年），增人增地（每三年进行一次）。

访谈对象情况： 男，50 多岁。是种粮大户，经营110 多亩。

11. 辽宁省辽中县养士堡镇 YH 村

该村每五年进行一次大调整。

访谈对象情况： 男，50 多岁。是种粮大户，经营110 多亩。

12. 河北省玉田县陈家铺乡 DSJP 村

该村人均 2 亩多地。

二轮承包时进行了大调整，打乱重分。

二轮承包期内没再调过地。

访谈对象情况： 男，约 45 岁。种了 2 亩多辣椒，正在除草。

家里4口人，8.9亩地。有5块地，涉及好坏、远近、能否浇水。

他说，"目前，地类之间差别不大了，但仍有差别。"

他说，"村里有的缺1个孩子的地，有的缺两个孩子的地。上头政策不让调地，没地的也只能认账。""现在没地的，到三轮承包不能再没地，不能让人家一辈子都没地吧。"

13. 河北省玉田县散水头镇 SH 村

该村人均3亩地。

二轮承包时进行了大调整，打乱重分。

2002年又进行了一次大调整。以后没再调地。

访谈对象情况： 夫妇，约65岁。在地里为玉米除草。去年（2014年）秋天没种小麦，原因是年纪较大了。

家里有9亩多地，共7块，非常细碎。是3个人的地，即夫妇、女儿。女儿出嫁后，地仍在娘家。

大孩、二孩是儿子，均已成家立户。女儿是老三。

他说，"十几年没调地了。三十年期满肯定是要调地的。"

农村土地承包制度调研访谈情况

（河北，2015 年 6 月）

在河北省张家口市休假期间，笔者在康保县、沽源县深入田间地头，与正在劳动的农民面对面聊天，了解农民对农村土地承包制度的实际感受和意见建议。主要访谈了2 个村的情况。

1. 河北省康保县闫油坊乡 HWZ 村

该村是个自然村，人均 3.4 亩地。

土地承包由自然村负责。

该村自 1981 年土地承包到户以来，一直实行"五年一调整"（大调整）办法；周围多数村也是采用这样的办法，五年左右进行一次土地调整。

令我比较意外的是，农民对于"二轮承包"、"三十年承包期"等土地承包术语感到比较陌生，似乎没有听说过。而对于"五年一调整"办法，他们却习以为常、非常满意。

在他们的逻辑里，目前正处在土地承包"第七轮承包期"内，明年（2016 年）又到了调整土地的年头了。

该村地类有好、中、差三类，主要涉及浇水条件、平地坡地两个因素。据介绍，二三十年来，很少有土地整治项目，地类差别没有明显改善。

当地种植莜麦（高寒作物，燕麦的一种），多数地方以有机燕麦为生产目标，不打除草剂，不施（或少施）化肥，不打（或少打）农药。

从感受和分析看，康保县处于河北省坝上高原，是国家级贫困县，相对来说地广人稀，生产条件、耕作方式仍比较传统。

访谈对象情况： 夫妇，近 70 岁。

家里原有 4 口人，两个女儿出嫁后，在家只有老两口二人了。有近 7 亩地，共 3 块，好、中、差各 1 块。

起初看到两位老人时，他们正在莜麦田里锄草。这两天，在张家口市多次看到在莜麦田里锄草的农民，他们的劳动姿势几乎都是一样的：跪在田里锄草！原来，莜麦的行距较窄，锄草需加小心，并且锄过的草需要用手彻底拔除，靠近麦苗不方便锄的草也需要拔除。只有跪着，劳动效果才能比较好！这是我至今所看到过的最为虔诚的劳动，感到很受教育，实实在在体会到了"粒粒皆辛苦"的古训。

莜麦亩产约 300 斤，如果出售，价格约 1.4 元。7 亩莜麦的收益约 3000 元；当时没有问及种粮补贴，即便加上政府补贴，也就在 4000 元左右。两位老人年龄已较高，没有养羊等其他生产活动。老两口在自家房前屋后种了一点儿菜，但吃菜（包括肉类）主要靠买。

老太太患有关节炎，夏天下地干活也需要穿棉裤。由于当地冬季寒冷漫长，关节炎发病率较高。

2. 河北省沽源县二道渠乡 XUP 村

对沽源县的印象是，耕地多、草地多，自然资源条件较好。

西山坡村是个行政村，有700多人，地归村，人均约10亩地！

1997年二轮承包。

2004年进行了一次小调整，减人减地、增人增地。之所以调整，主要有两方面原因：农村税费改革和农业补贴政策的实施，使原来不愿意承包耕地、出去打工的人回来要地的愿望越来越强烈；经过六七年积累，无地人口已经比较多。可见，由于矛盾已经比较突出，即便《土地承包法》已出台并实施，也未能制止这样的村进行土地调整的决策和行动。

2004年小调整后，至今未再进行过土地调整。

访谈对象情况： 男，42岁。马铃薯种植大户。自去年（2014年）起租本村土地共计400亩（3个地块），租金270元/亩，今年（2015年）涨到300元。每年亩均净收益约1000元。雇用长期工1人，临时工随机。他购置的一套"长龙型"灌溉设备，价值20万元，作业宽幅达240米！正在喷灌的这个地块260亩，浇一遍水仅需20个小时（两天）。

问他二轮承包期满村里会否调整土地，他说肯定会！并且强调："肯定等不到二轮期满了，目前人地关系已经比较乱，没地的人要求调地的呼声很高。"聊天过程中，这句话他说了好几遍。他还说，他儿子不巧是二轮承包不久后出生的，没有赶上分地，直到2004年调整，儿子才分到了地，"六七年没地，那几年还是吃亏了啊"。看上去，他至今仍对过去那六七年儿子没地的事耿耿于怀。

二轮承包时，他家有3块地。后来小调整时，儿子分到了2块地，其中1块好地（2.4亩）、1块稍差的地（7亩多）。这样，他家共有5块地。

目前，他们村的地分为三类，涉及土质好坏、水电条件两个因素。他预计，三轮承包时水电条件应该都一样了，主要是土质可能仍有差异。到时如果仍有两类地，土质稍差的那个地块可以多给分一些。他说，"好地给1亩，差地可以给1.3亩左右。"

最终，我们的认识和意见达成高度一致：就这个村来说，三轮承包的一个好办法是"一人一小块、一户一大块"。每个人的地块，可以长久承包经营，可以用一辈子；直到出现去世、转为市民等退出集体成员资格的情况，这个人的地块就自然退回集体，由新增人口承包经营。

农村土地承包制度调研访谈情况

（安徽、贵州、河南、山东，2015 年 9 月）

为进一步了解各地农民对农村土地承包制度的实际感受和意见建议，笔者在安徽省凤阳县、贵州省湄潭县、河南省民权县和山东省齐河县深入农户、田间地头，与正在劳动的农民面对面攀谈，重点访谈了 6 个村的情况。

一、调研访谈的情况

（一）安徽省凤阳县

在凤阳县参观了小岗村之后，沿乡道随机访谈了 1 个村——凤阳县小溪河镇 VV 村。

该村自 1978 年底承包到户以来从未调过地。当年分田时人均 2.35 亩地，未留机动地。

原来按照好、中、差以及远近等因素分为若干类地，到目前地类差别无明显改善。主要原因是，这里属于岗丘地，地块高低略有不同，高处易旱、低处易涝，地势较高的地块往往不能灌溉；相比平原地区，这里的地类差别更为复杂。

访谈对象情况： 男，54 岁。在水稻田里查看田块水情。

1978 年分田到户时，他 17 岁，家里共有 10 口人（父母、兄弟 4 人、姐妹 4 人），共分到 23.8 亩地，20 多块。之后，兄弟有结婚立户的，从大家庭里分地给他；姐妹有嫁出的，不再认为家里还有她的地。

结婚立户后，他得到 4.7 亩，共 8 块；他父母离世后，兄弟 4 人均分父母的地。他分到近 1.2 亩，3 块地。这样，他总共分到 5.9 亩地，块数为 11 块，地块非常细碎。

问他："二轮承包期满时应该怎么办，对三轮承包有什么政策建议？"他说："估计像二轮延包那样，继续延包吧。"

我说："那目前没有地的人怎么办，一直没有地下去？这不是跟私有化没什么区别了吗？"他说："是跟私有化差不多了。"

我说："你家地块这么细碎，就这么一直细碎下去？过几十年、上百年还这样？"他说："这是个问题。细碎化造成耕作很不方便。倒是也有办法，附近有的乡镇在搞'互换并地'，各家的土地面积不变、地块变为一两块。但是凤阳这里地不平，土地整治的成本很大，并不容易搞。"

聊天期间，又有两位农民加入进来。

经过一番研讨，最终，我们四人比较一致的看法是：三轮承包时搞不搞土地调整，各有利弊，而且利弊都很突出。或许，届时搞一次土地调整相对来说更为可取，一是

可以解决很多人已多年无地的问题，二是可以在一定程度
上解决一下地块细碎问题。

（二）贵州省湄潭县

总体印象：湄潭县地处山区，多数地方耕地高高低
低、零零碎碎，生产条件比较困难；贵州省多数地方都是
类似情况。在湄潭县随机访谈了两个乡镇的3个村。

1. 湄潭县黄家坝镇 DGW 村

该村自80年代初承包到户以来从未调过地。当年分
田时人均0.6亩地。

访谈对象情况： 女，52岁。在房前空地上剥玉米皮。

家里有1.8亩地（3块），是她的老公、公公婆婆三
人当年分到的地。共有5块地，离家1~2里路。没有田
间路，拖拉机根本进不了地。

有3个孩子（一个女儿、两个儿子），3个孩子都没
有承包地。其中，女儿是老大，已结婚。

全家共种了6亩地，除了自家的1.8亩承包地，还有兄
弟等亲友的地，亲友的地没有租金、免费耕种。全部种了玉
米，亩产约1000斤，用于作饲料，喂猪喂鸡。去年（2015
年）玉米市场价为1.3元，今年（2015年）不到1元。

问她："到三轮承包时，地调好还是不调好？"她说：
"哪个都行。"

她更倾向于不调，因为调一次地很麻烦，并且有的农

農地制度论

户在修高速时已经把地"卖"了。我估计，她说的"卖"地应该只是拿到了二轮承包期剩余期限的补偿。

2. 湄潭县黄家坝镇 TZT 村

该村自 1983 年承包到户以来从未调过地。当年分田时人均近 1.6 亩地。

访谈对象情况： 女，54 岁。在家里带孙子。

家里有近 8 亩地，共 14 块。她 1982 年嫁来，正好赶上了 1983 年分地。

她说：他（即她的孙子）没有地，他爸爸妈妈也没有地。

她家共种了 21 亩地，其中租来的地 13 亩；都种了水稻。这个村的地算是不错，而且湄江河从这个村流过，因此土地租金也较高。13 亩租种地中，10 亩的租金为 8000元、租期 20 年，3 亩的年租金为 500 元/亩。

问她："到三轮承包时，地调好还是不调好？"她说："不好调。并且好多人都卖地了。"

3. 湄潭县兴隆镇 RJW 村

该村自 1980 年承包到户以来从未调过地。

访谈对象情况： 夫妇，55 岁左右。在房前空地上剥玉米皮，晾晒玉米。

家里有 4 亩耕地，是 2 块，种玉米；有 3.5 亩茶园。

问他："这么多年一直没有调过地，主要原因是什么？"他说："不让调地。即便让调也不好调，很麻烦。"

问他们对确权颁证怎么看？一人说有用，一人说没多大用。

（三）河南省民权县

对民权县的印象是：种植业缺乏规划，随处可见庄稼、果树、蔬菜插花种植，区划化、规模化、专业化等不尽如人意；甚至一个农户，往往也是既有庄稼、又有果树、还有蔬菜，什么都种一点儿，什么都上不了规模。

民权县双塔乡 MP 村

该村自 80 年代初分地后，一直不调地。地块比较细碎。

直到 2012 年，通过"土地流转、进行互换"方式，小块合大块。并地时，原承包证书上有几亩地，仍给几亩地。即，不与人口增减挂钩，减人不减地、增人不增地，新增人口依旧不给分地。也就是说，并地的目的只是小块并成大块，不搞减人减地、增人增地。

访谈对象情况：男，约 70 岁。在地里收花生，通过雇用收割机的方式，当地机收的费用为每亩 70～80 元。

他家共 7 亩地，一年种植两季，即小麦—花生。小麦亩产约 1000 斤、折合 1000 元左右，花生亩产约 750 斤、折合 2000 元左右，即亩均收益约 3000 元（未扣除成本）。

2012 年并地前，他家是 8 块地，比较细碎；并地后为 3 块，好、中、差各 1 块。他说，"过去一家七八块地，浇地麻烦死了，有时需要带着被子在地里过夜。"

问他："到三轮承包时，地调好还是不调好？"他说："还是调一下好。不调也行。"

花生收获机的司机插话说："希望进一步调，调成一块地。好地给 1 亩，差地可以给 1.3 亩左右。"

（四）山东省齐河县

专程到齐河县访谈了 1 个村——LHD 村。这个村是当地的一个典型村（土地承包办法创新与实践），因此，对这个村的情况，之前已通过多个渠道有所了解；到了实地之后，通过与农民交谈，进一步了解到了自己所关心所思考的一些情况，感受更为深刻，甚为高兴和欣慰。可以说，这个村的土地承包办法非常科学、非常完美！群众对此非常满意！有必要把它作为平原地区土地承包制度的好典型予以推广。

齐河县晏城街道 LHD 村

该村每十年进行一次土地大调整；每两年进行一次土地小调整，增人增地、减人减地。齐河县农村普遍实行类似办法！比如，去世的去地、新生儿给地，嫁出女去地、在婆家村分地。

土地调整在齐河县，以至在德州市，甚至说在山东省，都普遍存在。近两年，我对此问题多次进行思考、调研，认为比较合乎实际，体现了农民群众的普遍意愿。以 LHD 村为例，该村人均 1.8 亩地，且土地平整、肥沃，

小麦亩产约 1200 斤、玉米亩产约 1500 斤，即粮食亩产约
1.35 吨！像齐河县这样好的土地，土地流转价格自然不
菲，每亩一般 800～1200 元，即 1000 元左右。也就是说，
人均 1.8 亩地，则意味着每年至少 1800 元的净收益。这
对每一个农民都不是小数，农民是非常看重的。因此，要
求进行土地调整，及时平均地权，在当地就很正常，一点
儿也不奇怪了；长此以往，土地调整即成为常态。据我多
次到当地了解，土地调整一般在玉米收获之后，小麦播种
之前；调整程序并不麻烦，因为平时就早已有数，而且操
作成本也较低。至于土地调整对粮食生产的负面影响，可
以说微乎其微。因为对一个农户来说，调出一块土地其实
是小概率事件，他们知道自己家过多少年才会调出一块土
地，调哪个位置的土地，因此基本不影响对土地的投入。
除了使用化肥外，农户施用农家肥的也不少见。

目前，LHD 村 1100 亩地已没有地类差别！2012 年，
全村进行了一次大调整，一户一大块地！

不必惊异，早在 2002 年进行大调整时，就已经实现
了一户一大块地！

2002 年前，按照地类差别，每户有 2～3 块地。1992
年前，每户有 3～4 块地。

村民反映，这得益于村党支部书记，"他任村主要干
部已四十多年。没少为承包的事费心，确实应该感谢他！"

访谈对象情况： 男，约 60 岁。在地里收割玉米。他

认为自己体力还好，并有家人帮忙，就不雇用机械收割。手工将玉米整棵割倒，码放整齐，在地里晾晒两三天后再掰棒，之后雇用机械将玉米秸秆粉碎还田。

他家共 10.8 亩地，1 整块。地块长 260 米，地块宽 28 米。

他说："这是 6 口人的地，相当于每口人有 4.7 米宽的一个地块。如果家里少了一口人，村里就会给去掉 4.7 米宽的地。"

问他："如果谁家的女儿出嫁了，这边的地给去了，去婆家分不到地可怎么办？"他笑着说："我们这里不会，各村都调地，不会没地。"

二、一些感受和思考

这次访谈调研，是专程慕名而去。安徽省凤阳县、贵州省湄潭县，都是农地制度的突出典型，远近闻名；而河南省民权县，近年推行"小块并大块"成效显著，山东省齐河县平衡人地关系颇有创新。近年我已到齐河县去过多次；其他三个县，则是早已想去，只待机会。这一行访谈调研下来，真是有不少收获和感受。

1. 各地情况确实千差万别

所访谈调研的四个县，都是在农地制度方面具有特点的县，但各自具体情况却千差万别。凤阳县地势南高北低，南部为山区，中部为倾降平缓的岗丘，北部为沿淮冲积平原，一县之内竟地形各异，小岗村即处于岗丘之地；
湄潭县地处云贵高原至湖南丘陵的过渡地带，山岭纵横、
地表崎岖，所谓"地无三里平"，其森林覆盖率达 60% 以
上，倒也成就其为"贵州茶业第一县"，而粮食生产条件
颇受局限，现有耕地中不少地方本应是林草之地；民权县
地处黄淮冲积平原，北部多河滩地，南部为黄泛区，全县
多为沙丘之地；齐河县则属黄河下游冲积平原，土地平
整，土质肥沃，耕地面积达 126 万亩。

就当地的农地制度看，凤阳县小溪河镇自 1978 年底承
包到户以来从未调过地；湄潭县黄家坝镇、兴隆镇自 80 年
代初分田到户以来从未调过地；民权县双塔乡自分田到户
以来也不调地，但 2012 年推行了"小块合大块"；齐河县
则普遍调地，一般五至十年一次大调整，一至三年一次小
调整。可以看出，各地有各地的具体情况，各地有各地的
实际办法，皆是因地制宜、群众接受，不能说哪里的做法
就好，哪里的做法就不好。总体分析，山区、丘陵地区因
地形复杂，如果调地成本会很高，群众的选择就是不调地；
而平原地区则又分为两种情况，如民权县，农民的调地欲
望不是很强烈，则不调；如齐河县，农民对个人的土地权
益看得比较重，调地欲望强烈，而自然条件好、调地成本
较低，致使调地成为习惯，成为合理不合法的制度。

2. 农地制度理应因地制宜

去了湄潭县之后，我有一个突出的感受：湄潭作为山

区农地制度的典型，完全是没有疑问的。问题是，山区与平原的耕地有天壤之别，当年怎么就能把所谓湄潭经验推及全国，让平原地区也学湄潭？怎么能忽略各地的千差万别？怎么能忽略山区与平原的天壤之别？虽然已多次去过齐河县，但到 LHD 村是首次。像 LHD 村这样的农地制度，农民非常满意！对于平原地区来说实在是非常完美！对比这两类情况，湄潭是山区农地制度（增不增、减不减）的典型；齐河完全可以作为平原地区农地制度（一户一大块、一人一小块，增人增地、减人减地）的典型。

实地调研之后，一个突出的感受是：把山区的"湄潭经验"推及平原的齐河并不适用，把平原的"齐河做法"推及山区的湄潭也是完全不能适用。山区（及丘陵地区）与平原地区理应基于不同的自然条件实行不同的农地制度，这才是实事求是、合乎逻辑、科学发展的制度！我国这样幅员辽阔、千差万别的国情农情，搞"一刀切"的政策切切要慎行！

3. 科学谋划三轮承包政策

农村土地实行家庭承包经营，极大地调动了亿万农户的积极性，解放和激活了农村生产力。农村多数地方二轮承包将在 2028 年左右到期，也就是说，目前 30 年承包期已经过半，到了谋划三轮承包政策的时候。大致有两个关键点：

一是"承包期"问题，即定为多长合适。基于实践探索，中央科学决策，一轮承包期为十五年，二轮承包期为三十年。当然，其逻辑并不是说每一轮新的承包期都要比上一轮更长。如果一轮十五年、二轮三十年，接下来非要搞个三轮六十年、四轮一百二十年、五轮二百四十年……显然就不合逻辑、脱离实际了。而是应当经过一两个阶段的探索、实践，即确定一个相对合理的承包期制度，以适用于今后一个比较长的历史阶段。经过反复思考，我个人认为，从第三轮承包期起，每一轮承包期确定为 30 年至 50 年比较科学，既不宜较短，也不宜过长。已有实践证明，"三十年"是一个合宜的土地承包期限，建议三轮承包仍以三十年作为承包期限。如果进一步增加承包期，也不宜超过五十年。二是"人地关系"问题，即是否允许平衡人地矛盾。现行《农村土地承包法》规定，"承包期内，发包方不得调整承包地"，其目的是"国家依法保护农村土地承包关系的稳定"。这项规定极为重要，出发点也是很好的，但是却未能顾及无地人口的土地权益，所谓顾此失彼。不少地方，特别是像山东省德州市等这样的平原地区，群众在思想上不认可、在行动上不执行，从而使法律仅仅是"书面法"、而不是"实践法"，处于相当尴尬的境地。从现有实践和各地实际出发，建议将此项法条修订为："承包期内，发包方不应调整承包地。因地块细碎、人地矛盾、自然灾害等原因需要适当调整的，必须经本集体经济组织成员的村民会议三分之二以上成员或者三分之二以上村民代表同意，并报乡（镇）人民政府和县级人民政府农业等行政主管部门批准。"

农村土地承包制度调研访谈情况

（河北、山东，2016 年 4 月）

  为进一步学习和研究农地制度，清明节期间，笔者在河北省、山东省部分县市深入田间地头，与正在劳动的农民面对面进行沟通，共随机访谈了 13 个农户。

1. 河北省定州市周村镇 QT 村

  该村有 6 个组，但土地不分组，土地承包由村负责。

  5 年进行一次土地小调整。

  小麦亩产 900 斤左右。

  访谈对象情况： 女，59 岁。在地里给邻居家的麦田浇水、施肥，赚取劳务费。浇水每亩 17 元（不含水费。水费使用承包户的水卡，每字 0.68 元），施肥每亩 3 元（不含化肥运输费）。邻居家的麦地 5 亩，给她 100 元钱。

  她家有 6 亩地，两块，一块 3.9 亩、另一块 2.1 亩。

2. 河北省宁津县唐邱乡 HV 村

  该村 1998 年二轮承包时进行了土地大调整。

  每户除了承包地，还有梨园。梨园属于集体所有，梨树也是集体的，15 年大调整一次，按照梨树总数、各户人头等情况，按户分得一片梨园。

访谈对象情况： 男，32 岁。在麦地里施肥、浇水。他在县城上班，有时帮家里干活儿。

自家有 8.5 亩承包地，两块，一块 5 亩、另一块 3.5 亩。另有一片梨园，有 8 棵梨树。

他说，他家小孩没有地。

他说，"2028 年满 30 年，肯定进行大调整，该去的去、该添的添。"

3. 河北省宁津县凤凰镇 BUL 村

该村有 8 个组，土地归组。

1998 年二轮承包时进行了土地大调整。至今未再调整过。

二轮承包时，基本解决了地块细碎问题，每家 1～2 块地，兄弟两家的地块也尽量连片。

访谈对象情况： 男，已 80 周岁！在麦地里拔草。

小麦亩产约 1000 斤，玉米亩产约 1300 斤。

他有三个儿子、两个女儿。

老两口和三个儿子家共有 9.8 亩地，三块，分别为 4.8 亩、4.2 亩、0.8 亩，其中两个大地块是连着的。

他说，"这些年没有调地，调也调不动，有的在地里盖房子了（临近公路），有的在地里种树了。不调地，有说好的，也有说不好的。"

他说，"有的组因为干部家里人口多了，往往会调地。

老百姓说了则不顶事儿。"

他说，"30 年期满了应该调。各组调各组的，不是太麻烦。"

老人家是骑三轮车来地里的！

4. 河北省宁津县凤凰镇 XZ 村

该村有 3000 多人，分为 12 个组，土地承包由各组分别进行。

1999 年二轮承包时进行了土地大调整。

该村承包地已经完成确权。

访谈对象情况： 男，48 岁。在麦地里和老婆一起拔草。他的主要工作是开车搞运输，今天在家搭把手。

他家在第 4 组，该组 240 多人。

他家有 3 块地，是三口人（夫妇、儿子）的地，女儿没有赶上 1999 年分地。

他说，"听说确权以后永远也不调地了，以后就是私有了。"

他说，"30 年期满按说应该调，添孩子的、嫁出去的，应该调。"

5. 河北省宁津县东汪镇 BDC 村

该村 1999 年二轮承包时进行了土地大调整。以后再也没有调过。

访谈对象情况： 男，约 70 岁。在麦地里浇水。

他说，"已经确权了。再也不动了。"

他说，他的孙子没有地，"没地就没地，没法动了。"

6. 河北省夏津县香赵镇 NX 村

该村有 5 个组。

1998 年前，每年都进行小调整。

1998 年二轮承包，未动地，直接延包。

小麦亩产 900 斤，玉米亩产 1100 斤左右。

已经完成确权。

访谈对象情况： 男，64 岁。

他家原有两块地，是六口人的地。1998 年前村里有小调整，母亲去世、女儿出嫁，地都调掉了。现在是 4 亩地、一块，是四口人的地。

他说，"刚浇过一遍地。土质比较松，地渗水，需要用大水带浇地。4 亩地，浇一遍需要十四五个小时。用电卡浇水，每个字 1.02 元。因为是村里的电工收费，收的高；村里给电业局只交 6 毛多。"

他说，"到 2028 年 30 年期满。有合同，都写着呢。"

他说，"现在干活儿的都是老的，都不在乎这点儿地。"

他说，村里地少、愿意种地的人也少。

他建议村里搞股份制，把地交给集体经营，各户"吃"股。这样的方式好，其他村有搞的，一亩地能拿 1500 元，比自己种还划算！他们村很多户都想这样搞。

7. 山东省禹城市张庄镇 BQ 村东队（BQ 村仅有两个组：东队、西队）

该队仅有 110 多人。

每三年小调一次。出嫁的，如果户口迁走了，地就要退出；户口未迁的，地才可以保留。

2012 年进行了一次大调整。

已经完成确权。

访谈对象情况： 女，约 60 岁。在麦地里拔除野麦子。

她说，"野麦子长的高，容易倒伏，就把麦子压倒了，所以需要拔掉。"问她野麦子是怎么来的？她说，可能是因为黄河水，这里浇地引的黄河水，水里可能有野麦种。

她家 5 口人。有 7.7 亩地，共三块，分别为 3.4 亩、3.3 亩和 1 亩（这块是河沿地）。

8. 山东省禹城市张庄镇 BQ 村西队（BQ 村仅有两个组：东队、西队）

该队仅有 130 多人。

每年进行一次小调整，添了人的排队，等去了人的退地。

每六年进行一次大调整。

已经完成确权。

以后只搞小调整，不再大调整了。

访谈对象情况： 男，约 65 岁。在麦地里锄野麦子。

他也认为野麦子来自黄河水。

9. 山东省平原县桃园街道 HL 村

该村是个小村，仅有 1 个组。共 300 多人。

该村自 1982 年承包到户后从未大调整过，但是每年进行一次小调整。

现在确权了，发证了。

访谈对象情况： 男，60 多岁。在抽水浇地。

他老两口共 4.8 亩地，两块，分别为 1.7 亩、3.1 亩。这两块地是 1982 年承包到户时分到的，一直没有动过。

他有两个儿子，各自有地。

他说，确权了还调不调，至今还不清楚，"人—地"不挂钩是不合理的。

据他介绍，这里一般都是引用黄河水灌溉，每亩地得交 49 元水费。用不用水都得交，所以农户都用。但是从渠里引水很不方便，得用拖拉机往上抽水，通过大水带引到地里。

据目测，现在水带长度约 350 米；还有一根水带待接上使用，接上之后约有 400 多米长。浇地很不方便，是个辛苦活儿。

他说，县里的万亩方弄了机井，但是既没电也没水，根本用不上，项目资金基本都浪费了。没水主要是地下水位太深，上不来水。结果是还得用黄河水。

10. 山东省平原县坊子乡 DC 村

该村共有 1000 多口人，分为 5 个组。土地承包归各组。

该村 1999 年进行二轮承包，之后多数组没有调过地，个别组有调的。

现在确权了，发证了。

小麦亩产 1000 斤左右，玉米亩产 1400 斤左右。

访谈对象情况： 女，约 60 多岁。和家里人在抽水浇地。

她家在第 5 组，该组 200 多人。

她家有 10 亩地，共 6 块，比较细碎。浇地需要用几百米长的水带，非常麻烦，很累人。

现在确权了，想通过土地调整解决细碎化问题更不可能了。

她说，这里一般都是引用黄河水灌溉，需要交水费，用不用水都得交。

问她为什么不打井？她说，村里打过井，但水是咸的，不能用。

她家现在 9 口人（夫妇二人，一位老人，她两个儿子均已结婚生子），只有 5 口人有地，4 口人（两个儿媳妇、两个孙子）没有地。两个儿媳妇原本在娘家有地，但因为户口挪来了，娘家的地都给去了。人多地少，她对此意见很大。

她说，这里粮食产量高，土地租金能到 1000 元。她家缺 4 口人的地（8 亩），相当于一年亏 8000 块钱，亏了好多年了，真是亏死了！

11. 山东省德州市陵城区 LBD 村

该村 1000 多人。分为 3 个队。

1999 年二轮承包时各队进行了大调整，之后没有大调整过。

目前，只有村支书，没有村长，也无队长。

由于村支书比较强势（或曰霸道），实行"减人减地，但增人不增地"制度，即去世的要退地，但是添人的却不给地！村支书收回的地，都包出去了。

访谈对象情况： 夫妇，约 55 岁。儿子 20 多岁。一家三口在麦地里浇水。

他家有 6 亩地，是一块地。1999 年分到的，之前也是一块地。

这里土质不好，小麦亩产八九百斤。土地流转费 500 元左右。

他们说，村支书是因为打架厉害才当上村支书的，工作作风比较霸道。

12. 河北省南皮县城关镇 HV 村

该村 1982 年承包到户。

1997 年二轮承包时进行了大调整。之后从未调过。

现有 500 多人。不分组。

访谈对象情况： 男，约 50 多岁。与两个儿子一起在麦地里浇水。小儿子 27 岁。

他家有 7.6 亩地。是 6 口人（他父母、夫妇、两个儿子）的地。

大儿子家有一个男孩、一个女孩，小儿子家有两个女孩（双生）。一个孙子、三个孙女都没有地。

他说，"由于开发，有的户已经把地卖了（征收）。"

他说，"估计 30 年期满也不调地了。卖了地的已经得了钱了，没法再调了。"

13. 河北省南皮县冯家口镇 MQ 村

该村 1982 年承包到户以来，至今基本没调过地。

目前 900 多人，不分组。没有村支书，只有村长。

访谈对象情况： 夫妇，约 50 多岁。与儿子一起在麦地里浇水。

承包到户时，他家本来有三块地，分别为 3.8 亩、2.7 亩和 1.5 亩。后来老人去世了，村里有人想要地，这对夫妇也觉得浇地难，就把稍远的那块 2.7 亩地退掉了。现在他们略有后悔，不如不退，现在租出去就能有收入。

这里的地不好，土地流转费较低，仅 300 元左右。

农村土地承包制度调研访谈情况

（河北、内蒙古、山西，2016 年 5 月）

为进一步学习和研究农地制度，五一节期间，笔者在河北、内蒙古、山西的部分县（旗）深入田间地头，与正在劳动的农民面对面进行沟通，共随机访谈了 6 个农户。

1. 河北省万全县安家堡乡 ZJV 村

该村 1980 年分地到户后，再也没调过。

一轮承包期为 20 年（罕见）。

二轮承包从 2000 年开始，到 2030 年期满。

近年，玉米亩产 1500 斤，高的能到 2000 斤。这得益于 3 年前县水利局拨款打了机井。以前没有井的时候，玉米亩产只有 800 斤。

用机井浇地，每小时需交 30 元费用。这里干旱，玉米一年大概需要三遍水。

访谈对象情况： 一对老夫妇，及一位邻居。在地里播种玉米。

老大爷 70 岁。他老伴夸他是种地的老把式。

他家 1980 年分到 10 亩地，共四块地。2005 年被征了 4 亩（两块），当时每亩得到补偿费 4000 多元。

老大爷负责开垄，老太太负责撒种。这个地块小、也没有机耕道，因此很少使用机械。现在，这里用小毛驴种地的很少了。但是老大爷家一直使用小毛驴。用毛驴做动力牵引，老大爷把垄开得很齐，确实是老把式。

老太太说，"玉米自己吃。不打药（除草剂等），自己锄草。"

老大爷说，"附近有的村调地。我们村不调地，死了人的不消，闺女嫁了不减。有的卖地（征地）了，不好调了。目前，每亩征地补偿为 2.88 万元左右（农户所得）。"

我说，"从来没调过地，跟私有化差不多了。"老大爷说："是的，差不多了。"

我说，"卖了地的，三轮承包时还有份儿吗?"老大爷说："不一定，看政策。"

2. 内蒙古自治区土默特左旗陶思浩乡 GLG 村

该村有 4 个队，土地承包由各队负责。

4 个队有调地的，"死了的去、生了的加"；也有不调地的。

访谈对象情况： 一对夫妇，约 65 岁左右。在地里起沟，准备给小麦（春小麦）浇水。机井离他家的地有一里多，浇地时井水需要流经别人家的地，不仅距离远，有时也不好协调。用机井浇地需要交费用，每小时 26 元。

小麦亩产约 800 斤。

他家在 3 队，3 队不调地。

他家有 20 亩地，共 12 块。有好的，有差的，"悬殊很大，最差的地种什么都不长。"

二轮承包到 2029 年期满。

问他，"三轮承包时会调地吗？"他说："应该会调。"

问他，"大调还是小调？"他说："估计会是小调。"

3. 内蒙古自治区土默特右旗萨拉齐镇 UMA 村

该村有 4 个队。土地承包由队负责。

1999 年二轮承包时，4 个队都进行了小调整。之后再也没调过。

二轮承包时地分为五等，还有等外地，实际上一共是六等。现在地类差别小了，大概只有三等地（好、中、差）了。

访谈对象情况： 男，约 60 多岁。和儿子一起在地里播种玉米。租用了一辆拖拉机，播种、施肥、覆膜一并完成。

看到他的三轮车里有三种不同的种子。他说，"怕有假种，用三种种子更可靠，以免碰上假种子造成绝收。"三种种子的价格（一包）分别为 90 元、90 元、80 元，每包可种 1.5 亩地。他家在第 4 队。家里有 22 亩地，共 5 块地。正在播种的这块地有 11 亩，是最大的一块地。

他说，"二轮承包时是小调。实际还是大调好，但当时不让大调。"

我问，"二轮承包到期了调不调地？"他说，"到期之后调不调看国家政策。"问他，"您觉得调好还是不调好？"他说，"还是调好。并且是大调好，调成大地块好。"

他说，"实际上，国家不让调地是个坏事，可不公道了。去世的把地去了，生了小孩的给地，这样才公道啊。现在不公平太厉害了，有的小孩十来岁了还没地，老人去世了还种着地，可不公道了。"

我说，"如果觉得确实该调，现在调也可以啊（一些地方有调地的习惯）。"他说，"国家政策不让调啊，区里、市里、旗里都不让调。我们倒是想调。农民还是想调地的，但是政策上不让调。"

我说，"政策上不让调，是怕影响粮食产量。如果调地，可能减少土地投入，比如施肥、打井等。"

问他，"你觉得调地会影响粮食产量吗？"他说，"怎么会影响粮食产量？！动不动地都是这么个种法，影响不了粮食产量。"

追问他，"动地会影响施肥、打井吗？"他说，"不会啊。该施肥还得施肥，该打井还得打井。"

他说，他家主要是用黄河水浇地。黄河水放水一直到离他家的地一百多米远的渠里。抽水浇地，用塑料管子引到地里。每亩地需交19块钱。

他家的5块地，有4块地用黄河水，1块用机井水。机井是大队打的。

我问，"机井是哪年打的？"他说，"承包到户前就打了井了。大概是 1976 年打的。"

我感到惊讶，"1976 年就打井了？现在还能用?!"他说，"是的，1979 年分地，差不多就是 1976 年打的。现在还能用。机井一直收费，按电费收。现在一度电是六毛五。"

他说，"这块地 11 亩，种起来省事。那 4 块地有一亩多的，有两亩多的，种起来费事。"

他说，"地膜可以保水保温，让玉米生长发育的更好，并且及时成熟，亩产量可以增加 300 斤左右。"他介绍说，"一卷膜 100 元，够 4 亩地用，每亩合 25 元。租用拖拉机覆膜，每亩费用 30 元。"这样算来，每亩覆膜成本 55 元，但可以增加两百多元的产量，每亩增加收益在 150 元以上。

我问，"旧膜是否回收？"他说，"膜不回收，都在地里，消化不了。"他说，"等玉米长到一米高左右，植株能够遮光了，膜就基本不起作用了。但是，到那个时候，旧膜很难收。机器收不了，人工收太麻烦，只能留在地里。"他说，"这块地二轮承包以来一直用地膜，地里的残膜已经有十几年了。"

4. 山西省太谷县北洸乡 CV 村

该村 1998 年二轮承包。当时没有调地，直接延包。因为地不值钱，一些人不想要地，所以没有调地的普遍需求。

访谈对象情况: 女，45 岁左右。与儿子在地里检查玉米出苗情况。

她 1985 年结婚。娘家在邻村 BFJ 村，只有一里路。BFJ 村人均 1 亩多地。1998 年二轮承包时，BFJ 村进行了大调整，她在娘家的地被去了。

她家有一个女儿（1985 年生）、一个儿子（1988 年生）。娘三口在 CV 村一直没有地。女儿嫁到另外一个乡镇，在婆家也没有地。

儿子在甘肃当兵，休探亲假回家过五一节。

她家有承包地 5.7 亩，共两块地。这块地是 4.1 亩，另一块地 1.6 亩，两块地相距 400 多米。

这块地浇水挺方便，机井的出水口距地头儿只有十几米。这块地长约二百米，水通过两百米长的毛渠流到另一头。机井是去年（2015 年）打的，县水利局财政拨款。浇水收取电费，每度 7 毛钱。

她说，到 2028 年二轮承包期满时，估计会调地。

5. 山西省太谷县北洸乡 BFJ 村

该村 1998 年二轮承包时进行了大调整，之后没再调过。"死的不调，生的也不调。"

访谈对象情况: 男，约 60 岁。

他家有 3.3 亩地，是一整块地。

他说，1998 年前他家是两块地，相距一里路，其中一块在这个地方；二轮承包时把另一块也调到了这个地方，并成一块地。

浇水有机井，倒是方便。但是井打得很深，有两百米，水不足，费电。电费每度六毛五。

我问，"2028年二轮承包期满会不会调地？"他说，"我不知道。动不动都行。"

追问他，"如果调地，你家会增加还是减少？"他说，"肯定减少。因为现在村里卖了好多地了（征地），再分肯定会减少。"目前，征地补偿一亩约3万元左右（农户所得）。

追问他，"卖了地的三轮时还能分地？"他说，"也说不好。卖了地的都有合同，3万元管50年，按说他们五十内不能再分地。"

追问他，"50年以后怎么办？"他说，"不知道啊。"

他家种了春玉米，冬季没种小麦。他介绍说，现在太谷县普遍不种小麦了，因为缺水，小麦需浇五六遍水。浇水浇不起，成本太高。全县小麦弃种面积达到60%～70%，这种情况已有三四年了。他说，"现在机井一般200多米深，水不多，机井的出水口很细，有时还上不来。小时候打几十米就有水。"

这里土壤为沙性土，特别费水。玉米一般也需要两三遍水。

为了改良土壤，有的农户使用农家肥。有的在地头挖一个储肥池。购买畜禽粪便，大概30元一吨。

6. 河北省行唐县城关镇 Q 村

该村 1998 年二轮承包时进行了大调整。之后没再调过地。

该村尚未进行土地承包经营权确权。

访谈对象情况： 男，约 60 岁。在麦地里浇水。

他家承包地 5.1 亩，是两块。一块 2.0 亩，另一块 3.1 亩、地稍好一些。两块地相距 200 多米。

我问，"2028 年到期后会不会调整土地？"他说，"说不准。现在不好定。"

农村土地承包制度调研访谈情况

（河北、河南、山东，2016 年 10 月）

为进一步掌握农村土地承包的实际情况，了解农民的意见建议，深化有关思考和研究，国庆节休假期间，笔者深入到河北省、河南省、山东省部分县（市、区）的田间地头，与正在劳动的农民面对面聊天，共随机访谈了 12 个村的情况。有关情况原汁原味记录如下。

1. 河北省邢台市宁津县 HF 镇 NM 村

该村第三队目前有 300 多人，不到 200 亩地。

这个村的承包期制度不同于全国一般情况。三队 1980 年承包到户，承包期 1 年；1981 年再次承包，承包期 3 年；1984 年才算实行一轮承包，承包期 15 年。

1999 年二轮承包时进行了大调整。以后从未再调过地。

二轮承包证一直没发给承包农户。

目前尚未确权。

2029 年二轮承包期满。

访谈对象情况： 男，约 70 岁。和大儿子一起，在地里撒施化肥。拟于 10 月 15 日前种完小麦。

他家是三队的。

家里最初有 6.5 亩地。后来,地被征收了大部分。现在,还有 2.7 亩地,是两块,正在施肥的这块是 2 亩,约 150 米远处还有一块 7 分的地。

他说:现在种地都是用机器,倒是省事;就是地太小,用大机械拐弯都费劲。他建议搞合作社,统一种算了。

问他,"二轮承包期满会调地吗?"

他说,"调不调都行。好像上头说以后不动地了。"

他家买的化肥(复合肥)是北京产的。他说,市场上好多化肥都不放心,这个感觉还比较踏实,在县城的专卖店买的。一袋 50 公斤,85 元。N、P、J 的含量指标分别为 18%、22%、8%,合计含量大于(等于)48%。

他的大儿子建议我找村干部去了解更多的情况,他却说,"不要去,不要去。现在的村干部都是两面派,见什么人说什么话。"

老先生挺有意思。想给他拍照留影,他不让,怕有政治风险。我说,"您也没说什么敏感的问题啊。"他说,"那也不行。怕有事。"

2. 河北省邢台市宁晋县 HF 镇 NYT 村

该村共有 9 个队。第二队有 290 多人。

二队 1985 年进行了土地大调整,2000 年又大调了一次。

大部分农户都是有两块地，一块好的、一块稍差的。一家只有一块的很少，而且他们是通过私下换地才变成一块的。

该村尚未确权。

玉米带棒卖，价格仅三毛一、三毛二。

访谈对象情况： 男，60 多岁（访谈中又有三人参加聊天。他们四人是三家的）。

他们说，现在是增人不增地、减人不减地，"30 年不变"，"死了的不去，添了的不加"。

他家现有 5.1 亩地，两块，这一块 3.5 亩，公路外边那块 1.6 亩。

他们说，"二轮期满应当调地，调一下好。不调也行。"

他们说，再调地的时候可以一户一块地，"那样种着方便，好弄，好种。"

问他们，承包期多长合适？

甲（男）说，"30 年太长。"

乙（男）说，"越长越好。"问他，"50 年?"他说行。

丙（女）说，"10 年好。"

甲说，"他（乙）说的是气话，他不同意承包期太长。他孩子 15 岁了，还没有地。他有意见。"

关于农民对土地的投入。我问他们："如果明年调地，和今后不调地相比，农民会减少对土地的投入吗?"他们一致说不会，"调不调，种地都一样。不投本儿，就收不了。"

3. 河北省邢台市大曹庄区 XJH 乡 SJV 村

该村共有 18 个队，5000 多人。

该村 1980 年承包到户。1984 年大调整了一次。1988 年又大调整了一次。以后没再调过地（即，二轮承包时也没有调），"28 年了，从来没动过。""27 岁以下的人，都没地。"

大部分农户有 3 块承包地。当时，分为三类地主要有两个因素，一是离村远近，二是水电条件。有的地方没有井，种不了小麦，一年只种一季玉米，称为"秋田"。现在，已经没有地类差别了，地都一样了。

该村已确权。没有搞现场测量，是根据卫星图片确权。还没有发证。

现在，种玉米让他们闹心，"光化肥就得 100 元，机收又得 100 元（包括秸秆粉碎）。可是现在价太低。""现在种地是'鸡肋'，种了不挣钱，不种也不行。"

访谈对象情况： 男，50 岁。是第六队的（访谈中又有两三人加入聊天）。

他家有 11 亩地，是 3 块地。

他的孩子 28 岁，正好赶上了 1988 年那次分地。分地那时，这个孩子刚四五个月大。

关于"二轮承包期满是否调地"，他说，"这么多年没有调地了，对二轮承包基本没有概念了，我也说不清是哪年到期。""这次确权了，以后地更变动不了了。"

他又说，"农民多数都是愿意调地的，但是有的调不动。"

聊了一会儿后，他们说，"还是调好。""调一下好，三块变一块。"

4. 河南省南阳市镇平县 XF 区 XXY 村

该村一轮承包期间，户均承包地三四块。

1997年二轮承包时进行了大调整，普遍实现了一户一块地。

二轮承包以后，从未再调过地。

访谈对象情况： 男，约50岁。他雇了拖拉机和司机，正在地里进行旋耕和施肥。

他家有3亩承包地，是一整块。

他一共种了50多亩地。

问他现在是否还有土地调整？他说，"不调。19年了，没调过。"司机的妻子说，现在是"去人不去地，添人不添地"。

问他二轮承包期满的时候是否会调地？他说，"现在难说。"

雇拖拉机进行旋耕和施肥，每亩费用50元。这台拖拉机的施肥器械在拖拉机的头部，安装有一个塑料筐，塑料筐下有出肥口。通过动力，在出肥口处向前方及左右进行喷施（撒施）。

他买的洋丰牌复合肥是湖北省荆门市生产的。每袋50公斤，120元。N、P、J的含量指标分别为24%、15%、6%，合计含量大于（等于）45%。

5. 河南省南阳市镇平县 XF 街道 QP 村

该村有13个队。

新修的水泥路3.5米宽。但是有时候感觉还是不够宽，比如，如果两辆大型旋耕拖拉机对面，就过不去。

访谈对象情况： 女，四人，50岁左右。访谈最后，又有一男加入，65岁。

问她们，三轮承包时是否会调地？她们一下子来了兴致，七嘴八舌说个不停。她们一致说，"大家都愿意调。"有的说，"孩子12岁了都还没地。"有的说，"那可不是，还有的都快20岁了都没地。"她们的意见很强烈，对现在不让调地很不满意，要求我一定要反映上去。

等她们说得差不多了，这时走上来一位65岁左右的男的。他扯上我，边走开边说，"别听她们说。地不好调，很难调得动。"看来，农民中有不同认识，有不同看法，各有各的算盘，意见不一致。

由于玉米价格低，她们还反映说，"有的户想今后只种小麦，不种玉米了。"

6. 河南省南阳市镇平县 AZY 乡 YMS 村

该村共有24个队！3000多人。

土地承包以队为单位进行。

该村 1998 年二轮承包时进行了大调整。之后没有再动过地，"三十年不动。"

目前正在进行确权。

访谈对象情况： 男，50 岁。

他家是第 20 队的。

家里有 12 亩承包地，共 5 块。原来这是 8 口人的承包地，后来父母去世了，现在是 6 口人。

问他，"现在你家 5 块地的地类差别还大吗？"他说，"还大。主要是最远的那块地浇不了水。"问他什么原因，他说，"没有电，所以用不了井。如果自己拉电线，需要五六百米，弄不了。"

问他对土地调整的看法。他说，"村里有一户，是 10 个人种 5 个人的地。他们家承包时有 5 口人，两口子、两个儿子、一个闺女。后来，两个儿子都结婚，一家生了两个孩子。尽管他家闺女嫁出去了，全家减少了 1 口人，但是却增加了 6 口人，净增 5 口人。他们就很想要地。"他的意见，三轮承包时，"应该动，但是难动得很。"他最后说，"到时候动不动，主要看国家发文，发了文，就会按文办。"

7. 河南省南阳市邓州市 RD 镇 VV 村

该村 2009 年进行过一次大调整，普遍实现了一户两块承包地。以后没调过，"添也不添，去也不去。"

访谈对象情况： 两个农户。

男，70 岁。家里有三人在地里，手工撒施肥料。

他家有 8 亩多承包地，是两块。

女，40 多岁。雇了拖拉机和司机，在地里进行旋耕和施肥。每亩费用 50 元。施肥设施在拖拉机尾部，为漏斗式、同排多孔施肥。这种施肥方式或许比拖拉机前部喷洒式效果好一些，但应该相差无几，因为旋耕后，肥料应该都比较均匀。

她家有 10 亩承包地，也是两块地。2009 年以前有三块承包地。

她说，现在两块地之间还有明显差别。主要是，较差的那块地浇不了水，那边没有电，用不了井。也有的农户家，两块地都浇不了水，还是"靠天吃饭"。

问她三轮承包时会不会调整土地？她说，"调不调都行。我们随大流。"

她买的金飞牌复合肥是湖北省钟祥市生产的。每袋 50 公斤，140 元。N、P、J 的含量指标分别为 12%、18%、15%，含 P 较高，合计含量大于（等于）45%。

8. 河南省周口市太康县 MI 镇 MI 村

该村是个小村，只有两个组，每组 100 多人。

1991 年进行了一次土地大调整。之后没再调过地（1995 年二轮承包时也没有调），"25 年了。"

二轮承包将于 2025 年到期。

访谈对象情况： 男，50 岁。他雇了拖拉机和司机，正在地里进行旋耕和施肥。

由于土质较黏，且几天前下过雨，需要旋耕三遍。每亩费用 70 元。

他儿子 24 岁。没有赶上 1991 年那次分地。

他家有 6 亩承包地，共 4 块。

他说，"四块种着不方便，当然是一块方便了。现在，四块地仍不一样。有的是碱地，有的是淤地（好地）。"

他说，三轮承包时调不调无所谓。

9. 河南省商丘市柘城县 YX 镇 BJ 村

该村有 11 个队。

1988 年进行过一次土地小调整。之后没再调整过（二轮承包也未调）。

访谈对象情况： 老两口，70 多岁。在地里用钩子给覆膜开眼儿，让大蒜苗探出头来。

他家有 9 亩承包地，共 6 块。

他说，当时分地时土质不一样。有能浇的，有不能浇的；有的是跑沙地，漏水漏肥；淤地是好地，"淤地见庄稼。"

我问，"现在还差别这么大吗？"他说，"还有差别。"目前，三块地能浇，三块地浇不了。

他说，浇不了主要是电线设施损坏，没有电，没人管理，"只有电线杆了，没有电线。电线杆有十多年没发挥作用了。"有井,是公家打的,当年差不多是与电线杆同时建的。有拖拉机的,可以用拖拉机抽井里的水,没有拖拉机就不行。他说,有时自己拉电线浇,需要两百米的电线。他强调,"现在最大的难处就是浇水。"

他不知道 30 年承包期从哪年到哪年。

问他对土地调整的看法。他说,"有的年纪大了,没有人了(即去世了),还占着地。"三轮承包时,调不调都行。如果不调,各家在地类方面仍保持公平;如果调,调了便于耕种。

他还反映,宅基地都不愿意住,因为没有路,出门得穿胶鞋。都愿意在公路边盖房子,"公路边上方便。罚点儿钱,就摆平了。"

10. 河南省商丘市民权县 WVVV 镇 YV 村

该村有 5 个队。

1986 年进行过一次土地大调整。之后没再调整过(二轮承包也没调)。

每户一般四五块地。有个别农户间进行了地块互换,以尽量使承包地连片。

目前,该村普遍有施用农家肥的习惯。

访谈对象情况: 男,约 40 岁。在地里与父母、老婆、妹妹一起种植大蒜。

他家是 GPV 自然村(队)的。

1986 年大调整时,他家有 4 口人,即父母、他和弟弟。他妹妹是这次分地之后出生的，所以，"一直没地。"当时分地时分到 4 亩，是 5 块。后来，地被征去一部分。

大约十年前，他家把剩下的 2 亩地与其他农户进行了互换调整，变为一整块承包地，以便于耕种。目前，种植模式是"玉米—大蒜"。

他知道"30 年不动地"，但是不知道"30 年"从哪年起算。

目前，仍有地类差异。"有旱的，有涝的，有浇不了水的。"

他们说，30 年期满，"肯定希望调。"

11. 河南省商丘市梁园区 LV 乡 LV 村

该村共有 5 个队。

1996 年二轮承包时进行了土地调整，之后没再调过，"20 年没调地了。"

目前，该村普遍有施用农家肥的习惯。农家肥主要是用树叶、秸秆等堆沤形成。

访谈对象情况： 老两口，分别为 72 岁、71 岁。

他家是二队的。

家里有 12 亩承包地，共 5 块，各块面积分别为 5.0 亩、2.9 亩、1.6 亩、1.5 亩、0.6 亩、0.4 亩。

他说，"现在，地类差别没有那么大了，但是还有差别。"

他说，这是块好地（5 亩），玉米产 650 公斤左右，小麦产 600 公斤左右。

12. 山东省菏泽市曹县 LDT 镇 IP 村

该村共有 5 个队。

1979 年进行过一次土地大调整，之后没再大调过，"37 年没调过了！"

1998 年二轮承包时，各队分别进行了小调整。以后再也没有调整过。

户均承包地三四块。

原来分为三等地。现在基本没有区别了，"可以一户分一块了"。

访谈对象情况： 男，62 岁。与几个村民在地里测量，拟建大棚。

他家是二队的。担任村委会委员职务。

他家有 3.5 亩承包地，是两块。与其他多数农户比，他对此挺满意。

问他对土地调整的看法。他说，"有的十几口人，只有三四个人的地。"

他还反映了一个情况，很少见，也挺有意思。当年分队时，队都比较小，一个队只有四五十人。经过二三十年的发展，现在情况大不一样了。有的队因为生闺女多，嫁出去后队里人就少了；有的队因为生男孩多，结果队里人越来越多。目前，人数较少的队只有二十多人，人均耕地

3 亩多；而人数较多的队达到近 200 人，人均耕地只有三分多。他希望国家出台政策，平衡一下队与队之间的这种巨大差异。

他说，"有的队人已经很少了"，希望 2028 年三轮承包时，五个队的地打乱重分。

附录 2：参考资料

农村土地承包政策执行效果评估[①]

农业部农村经济研究中心研究员　廖洪乐

　　我国农村土地承包制度肇始于安徽省小岗村 1978 年底的大包干，至今已实行 30 余年，有关承包经营政策在探索实践中不断完善。本文就农村土地承包政策的执行效果进行评估性研究。考虑到自 2003 年 3 月起施行《农村土地承包法》，农村土地承包政策进入法制化阶段，2004 年起中央连年出台聚焦三农的 1 号文件，强农惠农富农政策体系逐步健全，本研究以 2003 年为节点，将农村土地承包政策分为两个阶段作出评估。

一、改革开放至 2003 年农村土地承包政策及执行效果

（一）第一轮土地承包政策："15 年不变"和"大稳定、小调整"

　　在 1978—1983 年间，全国农村开始陆续推行家庭联

---

　　① 此文为国家自然科学基金资助项目《近十年来我国农村土地政策执行问题研究》（应急项目批准号：71341021）阶段性研究成果。

产承包责任制，集体将耕地承包给农户自主经营，承包期限一般为1至3年，长的可达5年。1984年，中共中央做出决定将耕地承包期延长到15年。当年的中共中央1号文件要求：土地承包期应在15年以上，对生产周期长的和开发性项目，如果树、林木、荒地等，承包期应当更长一些；对群众有调地要求的，在延长承包期为15年之前，可本着"大稳定、小调整"原则由集体统一调整土地。人们通常将1978—1983年间的耕地承包及此后的承包期15年统称为第一轮承包，第一轮耕地承包期为15年。至于15年承包期内是否可以调地，1984年的中共中央1号文件和此后的文件都没有做出明确规定。从实际执行情况看，全国多数地方将1984年中央1号文件提出的"大稳定、小调整"政策同时适用于延包前和延包后，多数村组在15年承包期内进行过土地调整，差别表现为有些是大调整，有些是小调整；有些是年年小调整，有些是隔几年小调整一次。

（二）第二轮土地承包政策："30年不变"和"增人不增地、减人不减地"

从1978年算起，第一轮承包"15年不变"到1993年期满。期满后怎么办？1993年11月，中共中央做出如下决定：将耕地承包期再延长30年不变，对开垦荒地、营造林地、治沙改土等从事开发性生产的，承包期可以更长；与此同时，中央政府提倡耕地承包期内实行"增人不增地、减人不减地"政策。1993 年以后耕地承包期 30 年不变被简称为第二轮承包。在第二轮承包初期，由于中央政府只是提倡"增人不增地、减人不减地"政策，因此，有些地方规定 30 年承包期内继续按"大稳定、小调整"原则对承包地进行调整；有些地方规定 30 年承包期内实行"增人不增地、减人不减地"，不再对承包地进行调整。对那些在第二轮承包期内继续采用"大稳定、小调整"办法的地方，中央政府要求小调整间隔时间最短不得少于 5年。从 1997 年开始，中央政府明确提出"30 年承包期内不再调整承包地"政策。当年，中共中央办公厅和国务院办公厅联合发出《关于进一步稳定和完善农村土地承包关系的通知》，明确指出：土地承包期再延长 30 年，指的是家庭土地承包经营的期限；集体土地实行家庭承包制度，是一项长期不变的政策。2002 年 8 月全国人大常委会通过《中华人民共和国农村土地承包法》，该法自 2003 年 3月起施行。《农村土地承包法》有关耕地承包的政策，主要体现在如下三项核心规定：即耕地承包期为 30 年；30年承包期内，除自然灾害等特殊原因外，发包方不得调整承包地，因自然灾害等特殊原因确需调整土地的，需经村民代表或村民会议 2/3 多数同意，并报上级政府批准；30年承包期内，除农户所有家庭成员迁入设区的市转为非农业户口外，发包方不得收回农民承包地。

（三）2003 年前"30 年承包期"和"增人不增地、减人不减地"政策执行效果评估

由于第二轮"30 年承包期"政策施行初期，中央政府并没有明确提出期间不可调整承包地，很多地方在执行"30 年承包期"政策时采纳了 30 年内调整土地的做法。根据农业部 1997 年调查数据，在已延长承包期的村中，真正实行 30 年承包期的只占 30％，有 41.6％的村其承包期低于 15 年。后来，经过各级政府多年的共同努力，承包期 30 年政策基本得以普遍实行。根据农业部的调查，到 2002 年 6 月底，实行家庭承包经营的村中有 93.5％的村承包期达到 30 年及以上。也就是说，在《农村土地承包法》正式实施前，全国还有 6.5％的村其承包期不足 30 年。

二、2004 年以来我国农地承包政策的主要内容

2004—2013 年，中央政府连续出台 10 个 1 号文件，其中有 8 个年份的 1 号文件涉及土地承包政策，相关规定和政策要求详见表 1。总体看，这些政策规定都指向同一个核心目标，即保持土地承包关系稳定不变。分阶段看，2004—2007 年主要强调严格执行《农村土地承包法》有关承包期内不得随意调整承包地和不得随意收回承包地的

法律规定，要求各省、自治区、直辖市尽快制定《农村土地承包法实施办法》，对二轮承包政策落实情况进行全面检查，对违反法律和政策的要坚决纠正；自 2008 年起，提出"长久不变"政策和构建土地承包纠纷调解仲裁制度。

表 1　2004 年以来中央 1 号文件有关土地承包政策

年份	有关土地承包政策的规定和工作要求
2005	①对二轮承包政策落实情况进行全面检查，对违反法律和政策的要坚决予以纠正，并追究责任
	②尊重和保障外出务工农民的土地承包权和经营自主权
	③各省、自治区、直辖市要尽快制定农村土地承包法实施办法
2006	①保护农民的土地承包经营权
2007	①坚持农村基本经营制度，稳定土地承包关系
2008	①继续推进农村土地承包纠纷仲裁试点
	②现有土地承包关系要保持稳定并长久不变
2009	①抓紧修订、完善相关法律法规和政策，赋予农民更加充分而有保障的土地承包经营权，现有土地承包关系保持稳定并长久不变
2010	①加快制定具体办法，确保农村现有土地承包关系保持稳定并长久不变
	②加快构建农村土地承包经营纠纷调解仲裁体系
2012	①加快修改完善相关法律，落实现有土地承包关系保持稳定并长久不变的政策
	②健全土地承包经营纠纷调解仲裁制度
2013	①抓紧研究现有土地承包关系保持稳定并长久不变的具体实现形式，完善相关法律制度

　　根据中央 1 号文件有关土地承包政策的规定和工作要求，2004—2013 年间我国耕地承包政策主要包括如下八个方面：耕地承包期为 30 年；30 年承包期内不得随意调整承包地；30 年承包期内不得随意收回承包地；现有土地承包关系要保持稳定并长久不变；尽快制定《农村土地承包法实施办法》；全面检查二轮承包政策落实情况；加快修改相关法律法规，落实"长久不变"政策；加快构建农村土地承包纠纷仲裁体系和仲裁制度。前四个方面属耕地承包政策规定，后四个方面属相关工作要求。做好后四个方面的工作，主要是为了更好地将前四项承包政策真正落到实处。

三、2004 年以来中央有关农地承包四项工作要求的落实情况

（一）尽快制定《农村土地承包法实施办法》工作要求的落实情况

1.《农村土地承包法实施办法》制定情况

　　2005 年中央 1 号文件要求各省、自治区、直辖市（简称省级单位，下同）尽快制定《农村土地承包法实施办法》。从掌握信息资料看（网上查找），到 2013 年底，全国 31 个省级单位中有 21 个省级单位以政府通知或人大

条例（办法）形式，制定了《农村土地承包法实施办法》，占全国省级单位 2/3；有 10 个省级单位没有出台相关的《农村土地承包法实施办法》，占 1/3。

2. 各省级单位《实施办法》有关"承包期内不得调整承包地"的规定

在制定了《农村土地承包法实施办法》的省级单位中，天津、河北、辽宁、吉林、上海、江苏、浙江、安徽、福建、重庆、云南等 11 个省级单位的《实施办法》均执行《农村土地承包法》有关承包期内不得调整承包地的规定，只将严重自然灾害等视为可以小调整的例外因素；山西、山东、内蒙古、江西和新疆等 5 个省级单位除自然灾害因素外，还将土地征收（放弃征地补偿）也视为可以小调整的例外因素；湖北、湖南、四川、陕西等 4 个省级单位除自然灾害因素外，还将土地征收和集体建设占用等 2 个因素视为可以小调整的例外因素；除自然灾害、土地征收和集体建设占用等 3 个因素外，陕西省还将"个别农户人均承包面积不足该集体人均承包面积的一半"作为可以小调整的第四个例外因素。

3. 各省级单位《实施办法》有关"承包期内不得收回承包地"的规定

在制定了《农村土地承包法实施办法》的省级单位中，天津、河北、辽宁、吉林、上海、江苏、浙江、福

建、江西、湖北等 10 个省级单位的《实施办法》均执行
《农村土地承包法》有关承包期内不得收回承包地的规
定，只有全家迁入设区的市且转为非农业户口才可以收
回其承包地；山西、重庆、陕西等 3 个省级单位除全家
迁入设区的市要收回承包地外，全家迁到其他村集体经
济组织且取得承包地的，也要收回承包地；海南省规
定，农户全家迁入设区的市、不设区的地级市和其他县
级政府所在地城镇，且转为非农业户口的，集体可收回
承包地；重庆市规定，农户全家迁入本市各区县所辖街
道办事处或县人民政府驻地镇且转为非农业户口的，集
体可收回承包地。

（二）"全面检查二轮承包政策落实情况"工作要求的落实情况

2005 年中央 1 号文件要求对二轮承包政策落实情况
进行全面检查，对违反法律和政策的要坚决予以纠正，并
追究责任。为落实中央此项工作要求，全国人大、国务
院、农业部、最高人民法院和省、市、县三级人民政府及
有关部门做了大量具体工作。

早在 2004 年 4 月，国务院办公厅发出了《关于妥善
解决当前农村土地承包纠纷的紧急通知》，要求切实保障
农民土地承包经营权，不得随意收回或调整农民承包地，
要尊重和保障外出务工农民的土地承包经营权和经营自主

权，要坚决纠正以欠缴税或土地抛荒为名收回农民承包地。同年，农业部发布了《关于贯彻落实〈紧急通知〉的通知》，要求各地农业部门要做好土地纠纷调处、二轮延包后续完善等工作。

2005 年 3 月，最高人民法院出台了《关于审理涉及农村土地承包纠纷案件适用法律问题的解释》，为处理各类土地承包纠纷提供了法律依据。

2007 年，经国务院同意，由农业部、国土资源部、监察部、民政部、中央农村工作领导小组办公室、国务院纠风办、国家信访局等七部委办共同组织全国农村土地突出问题专项治理，着重解决八类侵害农民土地权益的突出问题，其中五类问题与农民土地承包经营权有关。专栏 1 列出了课题组实地调查的某样本县 2007 年农村土地突出问题专项治理工作落实情况。

专栏 1　样本省县级市农村土地突出问题专项治理情况

该市经管局根据全省农村土地突出问题专项治理电视会议精神和市政府领导安排，自 2007 年 8 月 15—19 日，集中 5 天时间，对全市农村土地存在的突出问题采取召开座谈会、下发调查表格、实地调查等形式，进行了初步调查，调查发现存在如下几大问题。

一是个别村没有落实土地承包期延长 30 年的规定。据初步调查统计，全市有 31 个村经营权证书和承包合同没有发放到户；有 30 个村没有开展二轮延包工作；还有一些村，由于土地征占用，农户的经营权证上的土地面积和实际耕种的面积发生了很大的变化。

二是部分村在土地延包后违规调整土地。有的村将农民延包地重新收回或违规留取机动地，高价发包；有的村三年或五年一小调，极个别的甚至一年一调，影响了土地承包关系的稳定；还有的留黑地、造假账、欺上瞒下。据调查，全市超标准留取机动地的有 8 个村，留有土地 932 亩；留取结构调整用地的有 9 个村，留有土地 636 亩；实行工资田、奖励田、保险田的有 39 个村，占地 388 亩；2005 年以来，收回、调整农户承包地的村有 66 个。

三是个别地方违法圈占农户的承包地。有的镇街和村借发展经济为名，违法圈占农户的承包地，用于种树或办企业；甚至土地圈而不用，造成闲置浪费；有的村干部以地谋私，将集体"四荒"地暗箱操作，廉价包给、租给、转让给自己或亲朋好友，并一次性收取 15 或 20 年的承包金，有的年限更长。

四是有的土地流转不规范，随意截留农户收益。有的村不办理任何手续，随意改变土地的农业用途；有的农户私自流转不签合同，出现纠纷难以调解；还有的截

> 流农户土地流转收益，损害农民土地流转权益。初步统计，全市实行反租倒包的村有 14 个，以租代征的村有 10 个，改变土地农业用途的地块有 335 宗。
>
> 五是特殊群体的土地权益得不到保障。有些出嫁女、大中专学生、转非人员等特殊群体的土地权益得不到保障，有的地被村里强行收回；有的应得的征地补偿款不能享受。
>
> 六是征地补偿政策落实不到位，失地农民的生活得不到保障。有的村征地款全部分光花净，农民以后的生活没有保障；有的补偿政策不到位，补偿费过低。

2011 年，全国人大常委会对《农村土地承包法》和《农村土地承包经营纠纷调解仲裁法》执行情况进行检查。检查组在听取了国家发改委、财政部、农业部、国土资源部、水利部、国家林业局和最高人民法院关于贯彻实施"两法"以及相关情况的汇报后，分 6 个小组赴湖南、安徽、吉林、河北、山东、甘肃六省开展了检查工作。期间，检查组听取了各省政府及有关部门对法律贯彻实施情况的汇报，召开有基层干部和农民代表参加的座谈会，实地走访村组、土地流转服务中心、仲裁机构等，广泛听取意见。同时，全国人大常委会还委托其余各省（自区、直辖市）人大常委会对本行政区域内"两法"实施情况进行检查。

2005 年，湖北省针对 1998 年二轮延包存在的问题开展二轮延包完善工作。1997—1998 年，湖北省第一轮承包期满，由于当时种田负担重、效益低，农民纷纷弃田抛荒，再加上 1998 年特大洪灾等原因，湖北许多地方没有开展二轮延包，或者只是简单地换发一下权证。2002 年开始农村税费改革和农业补贴，种田效益明显提高，原来弃田的农民纷纷回家要承包地。据记载，当时有个乡镇有 1 万多外出农民回家要田，个别县市连续发生原承包户哄抢种养大户事件，农民群体性上访和越级上访事件日益增多。为此，湖北省委办公厅、省政府办公厅于 2004 年 11 月发出《关于依法完善农村土地二轮延包工作的若干意见》，2005 年发出《关于依法完善农村土地二轮延包工作若干具体政策性问题的补充意见》和《关于当前农村土地二轮延包工作中需要注意的几个政策性问题的紧急通知》，上述三个文件对完善二轮延包工作做出了详细规定。湖北省要求一个市州选择一个县市，一个县市选择一个乡镇，一个乡镇选择 1~2 个村进行完善二轮延包试点，完善二轮延包试点必须在 2004 年底结束，并以县市为单位在 2005 年秋播前全面完成二轮延包完善工作。湖北二轮延包完善工作重点解决了如下 12 个问题：一是关于举家外迁、外出务工经商和抛荒弃田农户的确地确权问题，二是关于自行委托代耕、自找对象转包农户的确权确地问题，三是关于在校大中专学生、民办教师、"两劳"人员、五保户等"特殊群体"的承包地问题，四是关于种养大户、

"外来户"的确权确地问题，五是关于三峡工程、南水北调中线工程、中央直属水库和青江流域移民的确权确地问题，六是关于被征占地农户的确权确地问题和经济补偿问题，七是关于开发区农户的确权确地问题，八是关于村组超额多留机动地问题，九是关于村组"化债地"问题，十是关于农业结构调整、连片开发等与原承包农户的矛盾问题，十一是关于"两田制"清理整顿问题，十二是关于打破村民小组界限以行政村为单位调整土地问题。

（三）加快构建农村土地承包纠纷仲裁体系和仲裁制度

2008 年中央 1 号文件要求继续推进农村土地承包纠纷仲裁试点，2010 年和 2012 年中央 1 号文件要求加快构建农村土地承包经营纠纷调解仲裁体系和制度。早在 2004 年农业部就选择了 4 个省 10 个县开展农村土地承包纠纷仲裁试点，到 2008 年底，农业部累计批复 27 个省区市的 229 个县进行农村土地承包纠纷仲裁试点。2009 年，全国人大常委会通过《农村土地承包经营纠纷调解仲裁法》。农业部和国家林业局制定了农村土地承包纠纷仲裁规则和农村土地承包仲裁委员会示范章程。根据农业部的统计，到 2011 年底，全国共设立农村土地承包仲裁委员会 1848 个，聘任仲裁员 11853 名；30 个省份的村、乡镇政府和农村土地承包仲裁委员会共受理土地承包及流转纠纷 21.9 万件，以调解方式调处 17.7 万件，仲裁纠纷 1.46万件。

（四）加快修改相关法律法规，落实"长久不变"政策

到目前为止，修改相关法律法规、落实"长久不变"政策这项工作并没有取得实质性进展，究其根本原因在于这项工作事关农民根本利益，涉及面太广。首先，第二轮30年承包得到了广大基层干部和农民的普遍认可。其次，社会对"长久不变"政策的"长久"究竟是多久，还没有形成统一认识，是 70 年、99 年还是永久都没有一个趋向性的意见。再次，将承包期由"30 年不变"改为"长久不变"不只是简单地修改法律、法规的问题，很多地方可能会牵涉到土地调整问题，在 30 年承包期未满的情况下调整土地本身就是违法行为。

四、中央政府四项农地承包政策执行效果与问题分析

本项调查对象包括全国 11 个省级单位、98 个县市、109 个村和 1076 户样本农户。对四项耕地承包政策规定执行情况的评估与问题分析，主要依据县市、村和样本农户三级调查数据。

（一）"耕地承包期 30 年"政策执行效果与问题分析

耕地承包期再延长 30 年政策是中央政府于 1993 年 11 月份提出的，与其配套的，是提倡"增人不增地，减人不减地"政策。也就是说，当时中央政府并没有要求强制执行"增人不增地，减人不减地"政策。

专栏 2　不同时期"30 年不变"政策的执行情况

根据农业部百县调查结果，到 1994 年 10 月底，百县有 38％的村完成了二轮延包，其中承包期为 5 年的村占 21.6％；6～29 年的村占 14.4％；30 年以上的占 64％。也就是说，有 1/3 的村其耕地承包期限没有达到中央政府的规定期限。

根据农业部 1997 年的调查，在已延长承包期的村中，承包期在 5 年以下的占 12.9％，6～14 年的占 28.7％，15～29 年的占 28.4％，30 年以上的只占 30％。

根据农业部经管司统计，到 1999 年 5 月底，全国已有 89％的村组开展了二轮延包工作，尚未开展的主要是第一轮承包期还未到期；在已经开展二轮延包的村组中，有 86％的耕地面积承包期为 30 年；到 1999 年底，全国农村总体上已完成了延包工作，实行家庭承包的土地 95％

以上承包期达30年。

根据农业部调查，到2002年6月底，除个别地区外，全国农村基本完成了二轮延包工作，在实行家庭承包经营的村中，有93.5%的村其土地承包期在30年及以上；到2003年底，全国已有99%的村组完成了二轮延包工作，农民普通获得了30年不变的土地承包经营权和承包土地。

注：本专栏数据来源于历年《中国农业发展报告》。

本次调查11个省的98个样本县市中，有70个县市耕地承包期均统一为30年，占71.4%；有27个县市的耕地承包期存在不足30年的情形，占27.6%；有1个县市耕地承包期统一为70年（表2）。分省看，福建、山东、陕西和江西等4省样本县中耕地承包期没有统一为30年的比例较高；河北、安徽和湖南等省样本县中耕地承包期统一为30年的比例较高。

表2　各省样本县耕地承包期限分布状况

省份	有效样本	承包期均统一为30年		承包期有低于30年的村组	
		县个数	比例（%）	县个数	比例（%）
河北	9	8	88.9	1	11.1
辽宁	12	9	75	3	25

（续）

省份	有效样本	承包期均统一为30年		承包期有低于30年的村组	
		县个数	比例（%）	县个数	比例（%）
江苏	4	4	100	0	0
安徽	10	8	80	2	20
福建	7	3	42.9	4	57.1
江西	9	6	66.7	3	33.3
山东	9	4	44.4	5	55.6
湖北	8	6	75	2	25
湖南	10	9	90	1	10
四川	10	8	80	2	20
陕西	10	5	50	4	40
合计	98	70	71.4	27	27.6

注：陕西省有一个县耕地承包期限为70年。

（二）"30年承包期内不得调整承包地"政策执行效果与问题分析

《农村土地承包法》第27条规定：承包期内，承包方不得调整承包地；对承包期内因自然灾害严重毁损承包地等特殊情形确需在个别农户之间适当调整承包耕地和草地的，必须经本集体经济组织成员的村民会议三分之二以上成员或者三分之二以上村民代表的同意，并报乡（镇）人民政府和县级人民政府农业等行政主管部门批准。承包合同中约定不得调整的按照其约定执行。

1. 样本县市 30 年承包期内的土地调整情况

89 个有效样本县市中，有 53 个县市的所有村组集体都规定不再调整承包地，占 59.6%；有 34 个县市辖区内有部分村组集体规定还要调整承包地，占 38.2%；有 2 个县市所有村组都规定还要调整承包地，占 2.2%。也就是说，样本县市中有 40% 的县市还存在土地调整现象。34 个部分存在调地现象的县市中，有 19 个县市列出了调整承包地的村组比例，从 1% 到 80% 不等（表 3）。

表 3　各省样本县 30 年承包期内的土地调整状况

省份	样本县（个）	有效样本（个）	所有村组都规定不调地		部分村组规定还要调地		所有村组都规定要调地		缺省样本
			县数	百分比	县数	百分比	县数	百分比	
河北	9	9	8	88.9	1	11.1	0	0.0	0
辽宁	12	11	7	63.6	3	27.3	1	9.1	1
江苏	4	3	3	100.0	0	0.0	0	0.0	1
安徽	10	9	8	88.9	1	11.1	0	0.0	1
福建	7	7	2	28.6	4	57.1	1	14.3	0
江西	9	7	2	28.6	5	71.4	0	0.0	2
山东	9	9	2	22.2	7	77.8	0	0.0	0
湖北	8	8	5	62.5	3	37.5	0	0.0	0
湖南	10	9	5	55.6	4	44.4	0	0.0	1
四川	10	8	7	87.5	1	12.5	0	0.0	2
陕西	10	9	4	44.4	5	55.6	0	0.0	1
合计	98	89	53	59.6	34	38.2	2	2.2	9

2. 样本村 30 年承包期内的土地调整

107 个有效样本村中，有 81 个村全村统一不调整，占 75.7%；有 8 个村全村统一进行调整，占 7.5%；有 18 个村全村不统一，但有些村民小组还在进行土地调整，占 16.8%（表 4）。也就是说，样本村中约有 1/4（即 25%）的村 30 年承包期内还在调整承包地。分省看，江苏、江西、山东、湖南等省样本村还在调地的比例较高，分别有 40%、45%、50% 和 50% 的村还在调整承包地。

表 4　各省样本村 30 年承包期内的土地调整状况

省份	样本县	有效样本村数	全村统一不调		全村统一调，有些组还在		全村不统一，有些组还在调		缺省样本
			县数	百分比	县数	百分比	县数	百分比	
河北	9	9	8	88.9	0	0.0	1	11.1	0
辽宁	12	11	10	90.9	1	9.1	0	0.0	1
江苏	10	10	6	60.0	2	20.0	2	20.0	0
安徽	11	11	8	72.7	0	0.0	3	27.3	0
福建	9	8	8	100.0	0	0.0	0	0.0	1
江西	9	9	5	55.6	1	11.1	3	33.3	0
山东	10	10	5	50.0	3	30.0	2	20.0	0
湖北	9	9	8	88.9	0	0.0	1	11.1	0
湖南	10	10	5	50.0	0	0.0	5	50.0	0
四川	10	10	10	100.0	0	0.0	0	0.0	0
陕西	10	10	8	80.0	1	10.0	1	10.0	0
合计	109	107	81	75.7	8	7.5	18	16.8	2

3. 样本农户 30 年承包期内的土地调整

898 个有效样本农户中，有 567 户农户表示其所在村组明确规定 30 年承包期内不再调整土地，占 63.1%；有 101 户农户表示其所在村组明确规定还要调整承包地，占 11.2%；有 170 户农户表示村组集体既没有明确规定要调地，也没有明确规定不调地，占 18.9%（表 5）。分省看，四川、河北、陕西 3 省样本农户表示村组明确规定不调地的比例较高，江苏、山东、江西和湖南等省样本农户表示村组明确规定不调地的比例较低。838 户对承包期 30 年内是否调地有明确表示的样本农户[①]，分布在 103 个样本村中（有 6 个样本村的农户全选不知道或未作回答），其中有 44 个村所有样本农户都明确表示 30 年承包期内不会调整承包地，占 42.7%（注：有 61 个村有超过 2/3 的农户表示 30 年承包期内不会调整承包地，占 59.2%）；有 6 个村所有样本农户都明确表示 30 年承包期内还会调整承包地，占 5.8%（注：有 9 个村有超过 2/3 的农户表示承包期内还会调整土地，占 8.7%）；有 8 个村所有农户都表示村组既没有规定不调地，也没有规定要调地，占 7.7%（注：有 17 个村有超过 2/3 的农户表示村组既没有规定不调地，也没有规定要调地，占 16.5%）；其他 45 个

---

① 即选择明确规定不再调地、明确规定还要调地和既没规定不调也没规定要调的三类农户之和。

农地制度论

村的样本农户对村组集体是否明确规定 30 年承包期内调地或不调地存在相互矛盾的判断，即有农户认为村组有不调地的规定，有农户认为村组有要调地的规定，有农户认为村组集体对承包期内调地还是不调地没有规定。在规定 30 年承包期内还要进行土地调整的村中，有些村组每隔 5 年、10 年和 15 年大调整一次；有些村组每隔 3 年、5 年、10 年和 15 年小调整一次，还有些村组在年年调整承包地（按人口出生和死亡顺序排队进行对调）。

表5　各省样本农户认可的 30 年承包期内的土地调整状况

省份	样本数	有效样本村数	明确规定不再调整		明确规定还要调整		没规定不调，也没规定要调		不知道		缺省样本
			户数	百分比	户数	百分比	户数	百分比	户数	百分比	
河北	91	86	71	82.6	0	0.0	7	8.1	8	9.3	5
辽宁	120	89	60	67.4	14	15.7	7	7.9	8	9.0	31
江苏	85	54	22	40.7	1	1.9	29	53.7	2	3.7	31
安徽	111	93	53	57.0	5	5.4	32	34.4	3	3.2	18
福建	89	65	42	64.6	12	18.5	10	15.4	1	1.5	24
江西	90	85	42	49.4	14	16.5	24	28.2	5	5.9	5
山东	101	91	42	46.2	19	20.9	11	12.1	19	20.9	10
湖北	90	70	42	60.0	6	8.6	14	20.0	8	11.4	20
湖南	100	88	44	50.0	24	27.3	20	22.7	0	0.0	12
四川	99	97	90	92.8	5	5.2	0	0.0	2	2.1	2
陕西	100	80	59	73.8	1	1.3	16	20.0	4	5.0	20
合计	1076	898	567	63.1	101	11.2	170	18.9	60	6.7	178

注：178 个缺省样本户中有 114 户农户的承包地要么被政府完全征收，要么由村组统一转出。

4. 村组与农户有关 30 年承包期内土地调整判断的差异

81 个全村统一不调地的村中，有 24 个村的所有样本农户做出了与村干部完全一致的判断，即这些村所有样本农户都知道村组集体有"30 年承包期内不调地"的规定，占 29.6％；有 19 个村的样本农户中有 2/3 以上的农户都知道村组集体明确规定承包期内不调地，不过也有一定比例的农户认为村组集体没有不调地的规定或者不知道有这项规定，占 23.5％；有 38 个村的样本农户认为村组集体有不调地规定的比例低于 2/3，有些村甚至有 50％的农户认为村组集体没有不调地的规定，占 46.9％。

（三）"30 年承包期内不得收回承包地"政策的执行效果与问题分析

《农村土地承包法》第 26 条有如下系列规定：承包期内，发包方不得收回承包地；承包期内，承包方全家迁入小城镇落户的，应当按照承包方的意愿，保留其土地承包经营权或者允许其依法进行土地承包经营权流转。承包期内，承包方全家迁入设区的市，转为非农业户口的，应当将承包的耕地和草地交回发包方。承包方不交回的，发包方可以收回承包的耕地和草地。承包期内，承包方交回承包地或者发包方依法收回承包地时，承包方对其在承包地上投入而提高土地生产能力的，有权获得相应的补偿。也就是说，只有承包农户全家迁入设区的市且转为非农业户

農地制度论

口的,集体才可收回其承包地,任何其他情形下都不可以
收回。

107个有效样本村中,有16个村近10年来发生过收
回农户承包地的情况,占15%。有4个村是由于承包期
到期收回重新发包,河北、江苏、山东和陕西省各1个;
有4个村是由于农户所有家庭成员转为城镇居民而收回其
承包地;有2个村是由于农户家庭有部分成员转为城镇居
民而收回其承包地,均为山东省样本村,这两个村的做法
不符合《山东省农村土地承包法实施办法》的规定;有4
个村是由于政府征收集体土地后重新分配承包地,有2个
村因整户死亡而收回农民承包地,有3个村因农户人口减
少或自愿交回而收回农户承包地(表6)。

表6　近10年来各省样本村收回农户承包地及其原因

省份	有效样本	收回过承包地	收回农户承包地的原因						
			承包到期	所有家庭人口转为城镇居民	部分家庭人口转为城镇居民	土地被征收	整户死亡	重大自然灾害	其他
河北	9	1	1	0	0	0	0	0	
辽宁	12	1	0	0	0	0	1	0	
江苏	10	4	1	0	0	2	0	0	1
安徽	11	2	0	1	0	1	0	0	
福建	8	0	0	0	0	0	0	0	
江西	9	0	0	0	0	0	0	0	
山东	9	4	1	2	2	0	0	0	1

（续）

省份	有效样本	收回过承包地	收回农户承包地的原因						
			承包到期	所有家庭人口转为城镇居民	部分家庭人口转为城镇居民	土地被征收	整户死亡	重大自然灾害	其他
湖北	9	0	0	0	0	0	0	0	
湖南	10	0	0	0	0	0	0	0	
四川	10	1	0	1	0	0	1	0	
陕西	10	3	1	0	0	1	0	0	1
合计	107	16	4	4	2	4	2	0	3

984 户有效样本农户中，近 10 年里有 37 户农户的承包地被收回，占 3.8%；有 16 户农户因婚嫁、死亡减少人口其承包地被收回，有 12 户农户因农转非减少人口其承包地被收回（表 7）。

表 7　近 10 年来各省样本农户承包地被收回及其原因

省份	有效样本	承包地被收回	农户承包地被收回的原因		
			因婚嫁、死亡减少人口	因农转非减少人口	严重自然灾害，集体重新调整土地
河北	89	0	0	0	0
辽宁	99	1	0	1	0
江苏	75	2	0	2	0
安徽	104	0	0	0	0
福建	60	1	1	0	0
江西	82	14	7	6	0
山东	97	11	7	3	0

（续）

省份	有效样本	承包地被收回	农户承包地被收回的原因		
			因婚嫁、死亡减少人口	因农转非减少人口	严重自然灾害，集体重新调整土地
湖北	86	3	0	0	2
湖南	98	0	0	0	0
四川	99	1	1	0	0
陕西	95	4	0	0	0
合计	984	37	16	12	2

（四）中央政府"现有土地承包关系保持稳定并长久不变"政策执行效果

109个样本村中没有一个村执行"长久不变"政策。1011个有效样本农户中，有78％的农户知道土地承包"长久不久"政策，有22％的农户不知道这一政策。分省看，福建和湖南两省不知道这一政策的农户比例较高，超过40％。在知道土地承包"长久不变"政策的农户中，有77％的农户通知乡村干部知道这一政策，有69％的农户通过广播电视知道这一政策，有31％的农户通过报刊杂志知道这一政策，有22％的农户通过亲朋好友知道这一政策。

1000户样本农户中有50％的农户认为土地承包"长久不变"政策可行，有17％的农户明确表示这项政策不可行，有约1/3的农户说不清楚。11个样本省中，没有一个省的样本农户认为这项政策可行的比例超过 2/3（表 8）。

表 8　样本农户对"土地承包长久不变"政策是否可行的看法

省份	有效样本	可行	不可行	说不清楚	不可行＋说不清楚
河北	91	51.6	15.4	33.0	48.4
辽宁	115	60.0	15.7	24.3	40.0
江苏	75	45.3	13.3	41.3	54.7
安徽	103	40.8	18.4	40.8	59.2
福建	64	31.3	14.1	54.7	68.8
江西	82	64.6	14.6	20.7	35.4
山东	97	42.3	17.5	40.2	57.7
湖北	84	38.1	25.0	36.9	61.9
湖南	98	53.1	24.5	22.4	46.9
四川	98	60.2	6.1	33.7	39.8
陕西	93	53.8	20.4	25.8	46.2
合计	1000	49.9	16.9	33.2	50.1

后　　记

一、为什么研究农地制度

我学习和研究农地制度，始于 2003 年。非常有幸，那年 9 月，我到中国人民大学农业经济系①读农业经济管理专业在职研究生。之所以说是有幸，一是，年初的入学考试成绩不错，比较顺利地被录取了（当然，之前的复习考研是异常辛苦的）；二是，2004 年，不再招收该专业的在职研究生了，"过了这个村，就没这个店了"。

本科期间，我读的是北京农业工程大学工业与民用建筑工程专业，虽然与农业建筑工程专业同在水利与土木工程系②，但是这个专业与农业根本不沾边。毕业以后，到农业部机关服务局工作，也不是直接从事农业工作。看到身边的年轻人纷纷报考研究生，我也不想落后。既然在农业部门这个大环境里，是否学一个农业经济专业的研究生呢？那时以为，农业不就是种地嘛，农民会干的事，还能

---

① 2004 年，农业经济系改建为农业与农村发展学院。

② 1996 年，北京农业大学与北京农业工程大学合并为中国农业大学，水利与土木工程系则改建为水利与土木工程学院。

有多难？再说，学经济类专业是潮流，社会主义不就是要搞好经济建设吗。遂决定报考这个想象中既简单又时髦的专业。经历后来的考研复习和在校学习才知道，农业经济管理专业哪里好学？复杂着咧。这是后话。

尽管之前的主要经历没有涉过农，但是，土地是财富之母，这是尽人皆知的道理；研究生入学的时候我还是懂得的，农地制度是农业经济的基础性制度，至关重要。自己作为农业经济管理专业的门外汉，就从这个最基础也最重要的方面学起吧。

通过课堂听讲、查阅资料等，不久，我对农地制度形成了这样的认识：尽管这个制度很重要，但是现行制度并不完善，尤其是，存在两个比较突出的问题。一是，对于每个农户来说，承包土地的面积比较小、地块却比较多，承包地零碎、分散，耕种是很不方便的。地块细碎是由于分地时追求绝对的平均主义造成的，土质好的坏的、位置远的近的、水电条件好的差的，甚至水田旱地、坡地平地，统统都要每家分上一点儿，这样才能家家公平、户户均衡。这样"按等级分地"的承包方式，做到了公平，却损失了效率。二是，分配承包地的时候是按实有人口计算的①，但

①　我国农村土地承包制度是"按户承包"，具体到实践中，分配承包地的时候是"按人计算"。因此，农地制度可以概括为"按户承包，按人计算"，两句话，八个字。但是，一些专家学者却往往只讲"按户承包"，不讲或者少讲"按人计算"，结果是，政策导向变成了强调"按户承包"，却忽视"按人计算"，对于"人地矛盾"这一现实问题漠然视之，不以为然。

是人口却是个变量，人口增了减了，就存在要不要调整土地的问题。在农民的普遍意识里，公平是一个重要的概念，公平是个大事，正因此，就存在随人口增减而调整承包地的现象。但是，中央政策出于稳定承包关系、促进田间投资的考虑，不主张不支持农民调整承包地，甚至严禁进行土地调整。在"人—地"关系这个问题上，基层群众的倾向与中央政策的取向形成一对矛盾，这个矛盾在农村实践中普遍存在。

这两个问题，我感觉挺让人头疼，因为哪一个问题都不好解决。当然，相比较来说，感觉细碎化问题比人地矛盾问题要好解决一些，因为细碎化是分地方式造成的，如果总结并推广一些地方"按产量分地"的方式，细碎化问题是可以解决的。但是，在土地分配已经完成、正处于承包期间的情况下，如果要改"按等级分地"为"按产量分地"，则涉及是否允许进行土地调整这个非常敏感的政策问题。如果土地调整的政策是"封死"的，不允许调整土地，就不能重新分地，不能改进分地方式，不能解决细碎化问题。至于人地矛盾问题，更是这样，如果土地调整的政策是"封死"的，不允许调整土地，就不能进行"抽—补"或重新分地，不能解决人地矛盾问题。所以，归结起来，这两个问题都是难以解决的，因为都需要通过"土地调整"才能解决。

政策理论界、学术研究界普遍认为，如果允许土地调整，则影响土地承包经营稳定性，影响农民对土地进行投资，从而影响农产品产出，尤其是危及国家粮食安全。在一个有十几亿人口的国家里，粮食安全毫无疑问是天大的事。有的国家（其人口并不多）因为粮食出了问题而导致政府垮台，这是无比沉痛的教训，中国当然要竭力避免这样的祸乱。这是完全可以理解的。

有了这样的认识以后，我逐步下了决心，要坚持学习和研究农地制度，直到找到解决"两大问题"的"秘方"。同时，我还认识到，我们国家的国情农情太特殊，人口太多、农民太多！十几亿人口，十几亿张嘴，粮食安全的压力确实是巨大的；九亿农民，2.4亿承包农户，一家一户的土地面积太小，更何况还很零碎。这样特殊的国情农情，就逼着我们应去设计出更为完善、更为精美的农地制度来，以切实保障国家粮食安全，保障农产品有效供给，并逐步改善小农户的生产经营条件。那时候，想到这些，常感觉身上起鸡皮疙瘩，颇有些压力感、使命感。

正是带着这样的认识和感受，学习和研究农地制度，我一路走来，坚持了十几个年头，孜孜不懈。我深知自己智商情商不高，甚至有些愚笨，但是也深知"滴水可以穿石"，关键看能不能坚持，"只要功夫深，铁杵磨成针"。只要坚持，日行千步，也能够积跬步而致千里；只要坚持，下足功夫，就应该会有所造化。退一步说，只要坚持，能够一步一步超越自己，即便最终形不成非常有价值的成果，那也已经够了。人的一生，还有比"超越自己"更为重要更有意义的事情吗？因此，不必计较最终的结果，坚持就是胜利。正是在这样的信念和状态下，对于农地制度的学习和研究，我坚持到了今天；而且，仍将继续坚持下去。

二、为什么出版此书

这本书的出版，纯属偶然。在我的人生计划里，本没有出版图书的安排。

十多年来，我也很少写关于农地制度的文章，有两个原因。一是，感觉认识还比较肤浅，对于如何解决现实问题也没有什么切实的思路；二是，要写文章，就要围绕敏感的问题写，围绕关键的问题写。如果不痛不痒、也不重要，就不如不写。2009 年，感觉承包地细碎化问题值得写一篇研究报告，以引起有关领导、有关部门更加重视，遂撰写了《农村承包土地细碎化问题研究》，刊登在单位内部刊物上。

近一两年，我感觉对农地制度的认识和分析比较深入、比较成熟了，对于有些认识，如果不写出点儿东西来，感觉不吐不快。我知道，其实这是最好的写作状态。于是，就围绕感兴趣的题目陆续写了几篇文章。2015 年初，写了《落实"长久不变"的思路与对策》；2015 年底，参加了湖北省沙洋县"按户连片"耕种调研，执笔撰写了调研报告；2016 年上半年，先后撰写了《杜老的农地制度思想》和《关于"人地矛盾"问题的争议》。这几篇文章，写起来都得心应手，每篇仅用两三天时间就完成了。我很喜欢这样的写作状态，也很享受这样的写作状态。

这个时候，我感觉应该就农地制度写一篇总的研究报告了，算是对十多年学习和研究的一个总结、一个交代。并且，当前已经到了需要为"三轮承包"筹划顶层设计和具体政策的时候，因此写这样一篇研究报告也是有现实意义的。既然是对十多年思考的一次总结，算得上"十年磨一剑"（姑且不论此剑是否锋利），算得上是人生中一次比较重要的写作，我想，文章的题目也应当庄重、"高档"一些。考虑了两三天后，认为：既然是对农地制度的思考，对农地制度的论述，对农地制度的肺腑之言，就取名《农地制度论》好了，简洁有力。这个题目似乎有些大，但是难以找到更为妥帖、更能表达胸臆的题目了，就它了。断断续续写了十七八天。稿子出来后，征求一些专家、朋友的意见建议。果然，有专家建议说，"这个题目偏大了，针对性应该再强一些"；还有朋友提出意见说，"内容不够全面、不够丰满，难以撑起这么大的一个题目。"我的感受是，有专家指出"题目大"是预料之中的；内容方面，我本就没有想面面俱到，而是想抓住关键问题、主要矛盾。因此，这个题目是要坚持的。对于文章中的核心观点，即"稳定土地承包关系的必要性值得重新审视"、"'公平'（土地调整）并不损害'效率'"、"当矛盾积累到一定程度的时候，小调整解决小问题、大调整解决大问题"，专家、朋友给予的褒贬大致各半，我想，这就够了，一种新的认识能得到普遍认同的可能性是比较小的。

之前写的几篇文章，分别公开发表了，以引起关注和讨论。这篇《农地制度论》，是"十年磨一剑"，通过什么方式发表？这值得认真考虑。我突然冒出一个想法，与之前的几篇文章结集出版可好？另外，调研时的几篇访谈资料，也可以作为书的内容，也是有意义的。这个想法很快得到自己的肯定，这个方式好！于是，一个从未想着要出版书的人，这次是真的想要出版一本了。

三、表示感谢的话

谨以此书献给原农垦部副部长孟宪德同志和夫人裴文珍同志。孟老革命风范永存，音容笑貌犹在。二老给予我的教诲，激励我矢志前行。

2003年入学伊始，有些许兴奋，也有些许彷徨。从本科的建筑工程专业即将跨入经济学殿堂，自感没有基础，对此颇感畏难和头痛。导师金洪云副教授刚从日本回国，很快就给出了"药方"——20余本经济管理学科的必读书籍，使我看到了一条可以迈步向前之路。

在我起初学习研究农地制度的时候，有几本这方面的
著作对我影响较大[①]。一是，张红宇著《中国农村的土地
制度变迁》（中国农业出版社 2002 年版），我感觉是经典
之作，对我来说是经典教材，反复研读学习过多遍。内心
深以为，张红宇司长是农地制度的大家，很是钦佩。当
然，那时候是"神交"、"远交"，而并没有当面请教、交
往过[②]。二是，唐忠著《农村土地制度比较研究》（中国
农业科技出版社 1999 年版）。我入学时，唐老师是人民大
学农业经济系主任，年青干练，非常出众；现在是农业与
农村发展学院院长，身为院长、知名专家，唐老师还能够
时常在微信里与学友们讨论问题，很是平易近人。三是，
金洪云译作《日本的农地制度》（关谷俊作著，三联书店
2004 年版），这是导师辛勤之作，是全面介绍日本农地制
度的经典文献。四是，廖洪乐、习银生、张照新著《中国
农村土地承包制度研究》（财政经济出版社 2003 年版），
书中所展现的调查方法、分析方法以及农村实况，都非常
值得学习借鉴。这本书，我是从好朋友徐观华那里讨来
的，而徐与廖是北京农业大学研究生同班同学，是好友。
记得我硕士论文开题时，我跟徐去见廖（因为我需要去拜
见、求教），那时他刚刚被农业部农研中心聘为研究员，

---

① 当时手头的文献资料有限。此处仅列举四本。

② 近年，是有当面请教张司长的机会的。张司长鼓励我多调查多思考，
特别是，多积累基层素材，积少成多，将来可以作为决策参考。

年纪轻轻就已经是研究员了，很了不起的。我心里对这位较我稍年长的研究员很是尊重，也很羡慕。而我当时实在是学识太浅，连请教他问题都觉得难以开口，怕露了自己的肤浅。

我很荣幸能够回忆拜访杜润生杜老的那次经历。那是2008年6月初，杜老已95岁高龄。经杜老的秘书李剑同志协调，我到杜老的家里去拜见了他。杜老的身体依然硬朗，只是听力有些不好了，来访者想表达的意思，需要李剑写到小黑板上给杜老看。听说我对学习研究农地制度有兴趣，杜老笑了，挺开心。这对我是莫大的鼓励和激励。拜见时间约二十分钟，辞行时，杜老执意要送我到门口。95岁高龄的老人，从沙发走到门口竟然不需要拐杖，也不需要搀扶！而这是一段不小的距离。杜老的身体真好！我们年轻人为杜老的健康感到开心。

从我读研至今，可以说，华中科技大学中国乡村治理研究中心主任贺雪峰教授对我影响较大。贺教授的调研颇多，著述颇丰。贺教授的著作、文章，我都是要收集来学习研读的。贺教授是"唯实"的学者中的典型代表，对于做学问，"唯实"是一种可贵的品格和精神。不敢说贺教授的每一个观点、每一个结论都是正确的，但是他的出发点是"唯实"的；而且，因为基于广泛深入的调查，他的绝大多数观点也是比较可靠的。因此，非常值得信赖，非常值得敬重。

话题回到当前。《农地制度论》稿子发给中央党校徐祥临教授后，徐教授说他也刚刚完成一篇土地方面的文章，随后将发给我，交流一下①。收到《农村土地集体所有制优势及实现形式》的邮件后，我迫不及待地拜读。好文啊！无论是集体所有制，还是叶屋村这个现实典型，文中都论述分析得非常到位。尤其是，我对于叶屋村"通过重新分地从而彻底解决承包地细碎化问题"的做法也进行过持续关注，对于这个典型做法深表赞同，如同我《农地制度论》文中总结的那句话，"大调整可以解决大问题"。这篇论文的素材、观点，与我《农地制度论》文中的关注点、观点，是非常一致的；而徐教授又是著名专家。我一下子就有了想法，想把徐教授的这篇论文作为我拟出版的《农地制度论》一书的代序！给徐教授发了信息，说明出书的想法，请示他关于代序的意见。半小时后，收到徐教授回复："好啊，好事。"

廖洪乐研究员的《农村土地承包政策执行效果评估》一文，则是我讨来的。因为确实感觉书稿内容不够丰满，而廖研究员是农地制度方面的专家，一定有好文可以共享。果然没有失望，《农村土地承包政策执行效果评估》一文是一篇非常有参考价值的研究报告。

---

① 这是徐教授的客气话，其实我只有学习的份儿。记得我在人民大学读研时，徐教授曾去给我们讲"农经专题"课。那个时候他就是知名教授，而我是一名普通学生。

......

以上只点出这么多。其实需要感谢的领导、专家、朋友还有许多，恕不再一一列出。在此一并表示衷心的感谢！

同时，感谢家人的一贯支持。尤其要感谢女儿。是她初中三年坚持不懈的努力，幸运地评选为北京市"三好"学生，获得了直升高中的机会，免去了我和妻子对于中考的焦虑。

最后，必需感谢中国农业出版社的积极支持，感谢闫保荣老师选中了这本篇幅不长的书稿，并费心协调，加快了出版进程。

作　者

2016 年 8 月 24 日晚于望京